バカになるほど、本を読め！

神田昌典

PHP文庫

○本表紙図柄＝ロゼッタ・ストーン（大英博物館蔵）
○本表紙デザイン＋紋章＝上田晃郷

はじめに

ＡＩ時代に生かせる、本が持つ奇跡的な効果とは？

本は、一人で読むもの――。

その常識に縛られているなら、あなたは、重いハンディキャップを背負うことになるだろう。

なぜなら、人工知能が人間の能力を超えていく、これからの時代に、本が持つ「奇跡的な効果」を、十分に生かすことができないからである。

本が持つこの効果は、あなたの人生の価値を決定するほど、重要なものだ。

だから私は、「本は一人で読むもの」といった孤独な読書観を本書を終えるまでに、ぶち壊す。

その結果、あなたは、ＡＩ時代に飛躍する、大きなチャンスを見出せるようになるはずだ。

本の奇跡的な効果とは、何か？

この答えを明らかにする前に、「今まで通り、一人で本を読む習慣を続けていれば、何が起こるのか？」について、まずは説明しておこう。

ズバリ、あなたが読む本は、短時間で読めるような、軽薄な本が多くなってくる。

なぜなら、ネットから溢れる情報が、あなたの集中力をコンスタントに奪うために、重厚な本に、一人で向き合う時間を持つことが、ますます難しくなるからである。

「そんなことはない、私は仕事に役立つ専門書や長編小説を、けっこう、読んでいる！」という方は、次のリストを見ていただきたい。

あなたは、次の二三冊のうち、どれだけ読んだことがあるだろうか？

1. 『歴史序説』イブン＝ハルドゥーン著
2. 『The New Jim Crow』ミシェル・アレクサンダー著
3. 『国家はなぜ衰退するのか』〈上・下〉ダロン・アセモグル、ジェイムズ・A・ロビンソン著
4. 『繁栄』マット・リドレー著
5. 『最底辺のポートフォリオ』ジョナサン・モーダック、スチュアート・ラザフォード、ダリル・コリンズ、オーランダ・ラトフェン著
6. 『国際秩序』ヘンリー・アルフレッド・キッシンジャー著
7. 『ピクサー流 創造するちから』エド・キャットムル、エイミー・ワラス著
8. 『サピエンス全史』〈上・下〉ユヴァル・ノア・ハラリ著
9. 『宗教的経験の諸相』〈上・下〉ウィリアム・ジェイムズ著
10. 『科学革命の構造』トーマス・サミュエル・クーン著

11. 『Dealing with China』 ヘンリー・M・ポールソン著
12. 『無限の始まり』 デイヴィッド・ドイッチュ著
13. 『暴力の人類史』〈上・下〉 スティーブン・ピンカー著
14. 『ゲノムが語る23の物語』 マット・リドレー著
15. 『権力の終焉』 モイセス・ナイム著
16. 『子どもができて考えた、ワクチンと命のこと。』 ユーラ・ビス著
17. 『世界の技術を支配する ベル研究所の興亡』 ジョン・ガートナー著
18. 『三体』 劉 慈欣著
19. 『ヤバい社会学』 スディール・ヴェンカテッシュ著
20. 『ゲーム・プレイヤー』 イアン・M・バンクス著
21. 『Orwell's Revenge』 ピーター・フーバー著
22. 『エネルギーの不都合な真実』 バーツラフ・シュミル著
23. 『儀式は何の役に立つか』 マイケル・S－Y・チウェ著

最近のベストセラーランキングにあがる軽いタッチの本とはレベルが違う、重みのあるタイトルが並んでいるが、これは、フェイスブックの創業者、マーク・ザッカーバーグ氏が、フェイスブック上で開設したブッククラブ「ア・イヤー・オブ・ブックス」で紹介した必読書リストである。

このようにザッカーバーグ氏の頭の中は、「歴史」「文化」「信念」「技術」に関する骨太な概念が詰まっていて、彼自身が運営するフェイスブックの投稿メッセージだけを、頭に入れているわけではない。一瞬で満足をもたらす「スナック菓子」のような情報を大量に提供しながらも、ザッカーバーグ氏自身は噛み応えがあり、栄養価の高い「高級食材」をメインディッシュにしっかり摂取しているのである。

本棚に並ぶ本を見れば人格がわかると言われるけれど、あなたは、知的栄養価の高い本を、最近、どれだけ読んでいるだろう？

先ほどのリストにあるような、骨太な一冊と向き合うためには、どんなに速く本が読める人でも、「一人で過ごす、静かな時間」を半日はほしいと思うだろうが、そのような時間を、あなたは日常、確保できているだろうか？

最近は、とめどなく流れてくる手元のスマートフォンからの情報だけで、腹いっぱいになってしまうため、よほどの自制心を持っていなければ、知的メタボになってしまう。このメタボが最悪なのは、鏡の前に立っても、それとわからないことだ。

その結果、知らず知らずのうちに、私たちが失ってしまっているのは、未来に向けて、自分の人生を切り拓いていくための判断力――つまり、知的筋力なのである。

進化した読書術で、自然に身につく七つの力

「ザッカーバーグ氏のように、古典や歴史書を読みたいけれど、時間がなくて

……」

と、言い訳したくなる気持ちは、よくわかる。

本が大好きな私でさえ、追われるように忙しい日常の中で、目の前の現実から かけ離れた重厚な本に、一人で向き合うのは困難だ。

これは、「一人で腕立て伏せと腹筋を続けよう」と、決意するようなもの。続けるためには、ジムに通ったり、学生がクラブ活動に所属したりするように、共に高め合う仲間からの社会的圧力が、必要だろう。

そこで私は、複数人で集まり、本を読む「読書会」に参加することをお勧めする。

「読書会だって？　読書会は、一人で本を読んでから、参加するものでしょう。結局、読む時間を確保しなきゃならないから、今までと何も変わらないじゃないか……」

そう、思われるだろうけれど……、実は今、読書会は、とっても進化している。本を読んでいなくても、参加できるフォーマットが現れ始めたのだ。たとえば、知的書評合戦「ビブリオバトル」。みんなで集まり、読んだ本を五分で紹介。読みたくなった本を投票して決める読書会だ。

また、行動する読書をテーマに掲げる「リード・フォー・アクション読書会」は、読んでいない本を持ち寄り、ファシリテーターのガイダンスのもと、互いに語り合うことによって、短時間で本の内容を把握。自らの仕事や行動に役立てていくための、読書会だ。

読書会に参加する人たちを傍《はた》で観察していると、ほんの数カ月で、大きく成長していくことに驚く。

例を挙げよう。

あなたが部下を採用するなら、次の二文のうち、どちらの文章を書く人を、部下に招きいれたいだろうか？

A.「仕事とプライベートは別。仕事も大切だけど、人生の醍醐味は、プライベートだと思います」

B.「仕事もプライベートもどちらも大切。だから、相乗効果を見つければいいのです」

また、あなたが上司を選べるのであれば、次の二文のうち、どちらの文章を書く人を、上司としたいだろうか？

A.「何かプロジェクトを始めようとするとき、私は能力で人を選ぶわけではありません。重視するのは、やる気です。やる気のない人はすぐにくじけてしまうからです」

B．「仕事は、本当にやりたいことか、自分に合っていることか、やってみないとわからないものですから、この機会にチャレンジしてみませんか？　やってみて、本当にやりたくないことだったら、やめればいいのです。でも、もしやってみて、そこに学ぶことを見つけたら、あなたの器は広がって、思ってもみなかった大きな可能性を手に入れるということはよくあります」

Aは、今までの自分の考えを主張するだけの思考。Bは、今までの考えを超え、新しいものを生み出そうとする創造的な思考をしていることがわかると思う。

実は、AもBも書いたのは同じ人物。Bは、「リード・フォー・アクション読書会」に参加し始め、三カ月後に書いた文章である。

このように読書会に参加すると、今までの自分を超えた新しい発想ができるようになる。なぜなら短期間で、異なる多様な意見に触れられるため、今までの思考の狭さに気づき、相手の視点に立った言葉を使い始める。すると、つながらなかった者同士がつながるので、創造的な活動が始まるのである。

とくに読書会を主宰するファシリテーターには、成長の機会がたくさん訪れる。

自分が読んだ本を解説するのではなく、参加者の学びをサポートするのがファシリテーターの役割であるが、実は、他人をサポートすることによって、逆にファシリテーター自身が、大きな学びを得ることになる。なぜなら、読書会を実施するには、さまざまなスキルを身につけなければならないからだ。

《読書会開催によって、自然に身につく七つの力》

1. 課題書を選ぶための「スピード情報収集力」
2. 魅力的な読書会テーマを打ち出すための「企画力」
3. 開催日までに参加者を集めるための「集客力」
4. 読書会運営のための「プロジェクト・マネジメント力」

5．参加者の異なるニーズを満たすための「傾聴スキル」
6．異なる意見をまとめあげるための「リーダーシップ」
7．継続的に集客していくための「独自の強み」

以上のように、ファシリテーターは、大きな組織における細分化された仕事では、なかなか経験することができない、トータルな価値創造プロセスに携われることになる。

また、ファシリテーターは読書会を開催することで、さらに大きなギフトを受け取ることになる。それは読書会の参加者が、ファシリテーターを、課題分野の専門家として見なし始めることだ。

たとえば、あなたが「宇宙旅行」についての読書会を連続で開催したとしよう。そして、その開催報告を、自分自身のフェイスブックに投稿する。すると、ほどなく参加者からのコメントが入るだろう。その交流を傍から見れば、あなたは、もはやいっぱしの、宇宙旅行専門家だ。

このように読書会とは、あなたの専門分野を見つける格好のきっかけであり、それを急速に形にしていくメディアなのである。

今までは、著者が主役。これからは、あなたが主役

情報発信するために、かつては印刷や収録が必要となり、多大なコストがかかった。だから情報発信できる人は選ばれ、情報品質も保たれた。その結果、本の著者とあなたは、教師と生徒の関係。どちらかといえば、著者が主役だった。

しかし今は、誰もが無料で情報を世界に向けて発信できる時代になった。情報自体は手元のスマホからも溢れ出していて、もはや価値をほとんど生み出さない。代わりに価値を生むのは、個人、そして社会的課題の解決に向けて、大量の情報の中から本質的な課題を見出し、自らの才能を生かす力であると、私は考えている。

自らの才能を生かすには、そもそも自らの才能に気づかなければならない。しかし、これは、一人では困難だ。なぜなら鏡の前に立たないと、自分の顔を見つめることができないように、あなたの才能を見つめるには、映し出してくれる鏡、すなわち、向き合って対話をする相手が必要だからである。

そうした観点から眺め直してみると、読書会は、本から情報を得る場のように見えて、まったく別物であることがわかる。そこは、本をきっかけに人々が集《つど》い対話するうちに、自らの内面を見つめ、自らの才能を思い出す場になっている。

だから、その主役は、著者ではない。主役は、読書会の主宰者と参加者——つまり、手に取る本を決めた、あなたなのである。

私たちが手に持つ本を変えると、出会う人が変わる。

その本をきっかけに、自分以外の異なる考え方を理解し、今までの狭い世界から抜け出せるようになる。頭の中の世界が広がれば、言葉が変わり、行動が変わる。そして行き詰まったように見える現実にも、可能性が見出せるようになる。そして、いち早く変化する勇気を持った者が、可能性を実現していく姿を見せることで、あとに続く者たちが、さらなる可能性に挑戦し始める。

本には、このように、未来を創造する才能同士の出会いを、連鎖的にもたらす効果がある。これが、本が持つ、「奇跡的な効果」である。

私が読書会に注目するのは、大きく時代が変わるときには、いつも、そこに読書会があったからだ。本文で詳しくお話ししているが、江戸時代末期には緒《お》方洪庵《がたこうあん》の「適塾」のような、私塾がいたるところで設立されていた。そこで行なわれた講義とは、教える者と学ぶ者が切磋琢磨《せっさたくま》する、対話形式の読書会だったのである。

本の本質は、才能を映し出す鏡である

本が持つ、この奇跡的な効果を私たちが思い出したとき、どんなにＡＩ（人工知能）が進化しようと、新しい時代を生み出すのは、アルゴリズムによって計算され指示された行動ではなく、過去の叡智に集った人々の対話から内発された行動であることがわかるだろう。

人工知能が人間の能力を超えていくようになる時代――それはまったく未知の、困難な世界への道のりのように見えるけれど、実は、過去に同様の困難を乗り越えてきた人類の叡智は、本というメディアに蓄積され、あなたが手を伸ばしさえすれば、届くところにある。

そして、あなたが手を伸ばしたとき、その手を握り返すのは、初めて会ったのに懐かしさを感じるような人――そう、それは、才能を映し出す鏡に映った、あなた自身であることに気づくだろう。

さあ、本の持つ奇跡を、共に体験し始めよう。

第一歩は、目的を持つことである。

あなたは、何のために、この本『バカになるほど、本を読め！』を読むのだろう？

次の空欄に、あなたの目的を、直感で書き込んでいただきたい。

私、「　　　　」（あなたの名前）は、本書を読むことで、

「　　　　　　　　　　」（あなたの目的）できるようになります。

私たちが目指すところは大きいが、ここに書き留める目的は、目の前の願望を叶えるようなものでいい。なぜなら本は、あなたの本当の人生の目的に出合うための「入り口」であり、それはどこから入っても、同じ本質へとたどり着くことになるからだ。

それでは、目的を書き留めてから、ページを開き始めよう。

バカになるほど、本を読め！

目次

はじめに

序章　なぜ、活躍できる人は皆「バカ」なのか

第1章　「目的志向型」読書——知識創造時代のスタンダードスキル

第2章 本を持ち、町へ出よう――なぜ本を「みんなで読む」のか

第3章　アクションが変革を生む――複雑な課題を大人数でやっつける時代へ

取材・構成・編集協力◆杉山直隆（オフィス解体新書）

序章

なぜ、活躍できる人は皆「バカ」なのか

現状を打開するための唯一の方法

本書は、読書によってあなたの人生を変える本だ。

「まぁた、神田さん。そんなハッタリかましちゃって。ちょっと大げさじゃない？」

そんなふうに思う人は少なからずいるだろうね。

でも、本当なんだから、仕方ない。

今回、読書の本を書いているぐらいだから、多くの人は、私のことを生来の読書好きだと思っているかもしれないが、実際はちょっと違う。中学生の途中ぐらいまで、あまり読書が好きじゃなかった。読んでせいぜい、星新一さんのショートショートぐらい。ようやく高校生の頃に栗本薫さんのファンタジー小説『グイン・サーガ』（早川書房）にハマって、そこから派生して、いろいろな本を読むようになったけどね。つまり、根っからの読書肯定派というタイプじゃないんだ。

ただ、大学に進学し、外務省で働き、アメリカでMBAを取得し、帰国後、米国家電メーカーの日本代表を務め、経営コンサルタントとして独立する……という中で、読書から得られる知恵は、いつも私を助けてくれた。さらに、独立後、さまざまな読書の方法を学び、実践する中で、読書という行為は、やり方次第で、自分の想像をはるかに超えるほど、自らの可能性を広げることに気づかされたのだ。ただ漫然と本を読んでいたとしたら、今の私はない。

本をどう読むかなんて、個人の自由だが、もし、あなたが「自分の人生を変えたい」というのであれば、少しだけ読書の方法を学んでおいても損はない。そんな「あなたの可能性を広げる読書」について、これからお話ししていきたいと思う。

その方法論を実践するメリットは、教養が身についたり、話題に乗り遅れなかったりすることだけにとどまらない。読んだ本の内容を、即、行動に結びつけて、他の人が生み出せていないあなた独自の価値や知識を生み出せるようになる。

そして、あなたが思い描いていたイメージとはまったく違う人生が切り拓かれていくのだ。

これからお伝えする読書法を使って本を読んでいき、自分の血肉としていけば、あなたは「バカ」になれるだろう。

本をたくさん読んだのに「バカ」になったら、たまらないって？　まぁ、よく聞いてほしい。

私の言う「バカ」とは、周囲の人からは「あいつって本当にバカなんじゃないか」と思われるような、既成概念にとらわれない発想ができる人。また、誰もやったことがなく、保守的な人からは「失敗するに違いない」と言われるようなことでも、果敢に行動に移せる人。頭でっかちになって行動できない常識人とは一線を画《かく》す、マッドでクレイジーなやつだけど、何かを成し遂げる「バカ」だ。

かつてスティーブ・ジョブズが、スタンフォード大学の卒業式のスピーチで、学生たちに「Stay hungry, stay foolish」とエールを送ったのは有名だけれど、私の言う「バカ」とは、まさにこの「Stay foolish」な人のことだ。

詳しくは、順を追って話していくが、これからの激動の時代に、何よりも求められるのは、このタイプの「バカ」。あなたが「バカ」になれば、二～三年後には、予想をはるかに超えるような大きな役割を担《にな》っていても、不思議じゃない。たとえ今は、目立たない存在であったとしてもだ。

もし、あなたが、「今の状況を打開するために、何らかのヒントを本から得たい」と切実に考えているとしたら、本書を読み終える頃には、モヤモヤしていた視界を晴らすことができ、これから進むべき道が見えてくるだろう。

読書は、人生を楽しむ上質の娯楽でもある。私も、価値を生む読書だけでなく、人生を豊かにする読書も行なってきた。蛇足になるかもしれないが、私の読書遍歴などもあわせてご紹介していこうと思う。箸休めとして楽しんでもらえれば幸いだ。

本は消えていくメディアか

そもそも、この本を購入した人のほとんどは、「読書」＝役に立つ、という前提を持っているんじゃないかと思う。

しかし、世の中を見渡せば、本を読むことに関して懐疑的な目を向けている人は少なくない。「本なんて時代遅れのメディアだ」「本の歴史的使命は終わった」と「『本』不要論」を唱える人もいるようだ。

その理由の一つは、インターネットやスマートフォンの発達により、無料で簡単に情報が得られるようになったことだろう。

最先端のビジネス理論も、古典的な経済学の理論も、注目の企業の成功事例も、知りたいと思ったときに、スマホやタブレットで検索すれば、いつでも取り出せるようになった。富士山の頂上にいても、アフリカのネットカフェにいても、南極の基地でも、それらの情報をさくっと入手することが可能だ。

何か世の中で議論の種になっている出来事も、知識人と呼ばれる人のブログをいくつか読んでおけば、だいたいの論点をつかむことができる。

動画が見られるのも、ネットの強みだ。近年は、ハーバードをはじめとした世界の一流大学が大学の講義を無料でネット配信する「ＭＯＯＣｓ」（Massive Open Online Courses）を始めている。世界に名を轟《とどろ》かせる教授たちの質の高い講義を、留学することなく、家にいながら受けられるようになったのだ。このように手に入れられない情報を探すほうが難しくなった時代に、書籍にこだわる理由なんて何もないじゃないか、というのが、「本」不要論を唱える人の主張だろう。

しかし、私が「本が不要だ」と感じることはほとんどない。私の周囲にいる意識の高いビジネスパーソンは今でも多くの本を読み続けているし、それどころか、私も含め皆、以前よりも読書量が増えているとすら感じるからだ（和書だけでなく、月に二〇冊以上の洋書も読むようになっている）。年間に一〇〇～二〇〇冊読む人は珍しくない。

なぜ意識の高いビジネスパーソンは、今も変わらず本を読むのだろうか。それは、本が、世の中に生まれるさまざまな最先端の思想やアイデアに、いち早く触れることのできるメディアだからだ。

こう言うと、「本はむしろ、一番情報が遅いメディアじゃないか！」と反論する人がいるかもしれない。確かに、本は、速報性ではテレビやウェブにはかなわないし、同じ紙媒体でも新聞や雑誌のほうがずっと早く世に出る。しかし、それでも私は、新たな知識体系や概念、イノベーティブなアイデアが世に出るスピードで、本に勝る媒体はない、と断言する。

誰もが読んだあの本を覚えているか

振り返ってみると、二十一世紀に入ってからもなお、価値観の変化につながるような、ブームの源流を遡《さかのぼ》っていくと、それは本に行き着くことが多いのだ。

いくつか例を挙げよう。二〇〇〇年代前半に、株式投資や不動産投資、副業ブームが起きたのは、あなたもよく覚えているんじゃないかと思う。山一證券や北海道拓殖銀行、そごうなど大手企業の経営破綻や大規模リストラを目《ま》の当たりにし、これまで会社人間だった人も、「マジメに働きさえすれば定年まで安泰、なんて幻想だ」と危機感を抱き始めた。そして、アフターファイブや週末を利用して、投資や副業にチャレンジするようになったわけだ。

ブームの背景の一つには、ネット証券やネットオークション、収益不動産情報サイトなどが登場したことに加え、ブロードバンド回線が一般家庭にも普及し、個人が投資や副業を始めやすい環境が整ったことがあるだろう。

もっとも、環境を用意されただけでは人は動かない。心理的な後押しが必要だ。

その火付け役となったのは、二〇〇〇年に日本で訳書が発刊され、一八〇万部を超えるミリオンセラーとなった『金持ち父さん 貧乏父さん』(ロバート・キヨサキ著、筑摩書房)だった。

このままでは、あなたは、一生汗水たらして働く「人生のラットレース」をし続けることになる。抜け出すためには、お金を自分のために働かせて、不労所得を得るのだ——。そうした主張は、会社生活の危機感を増幅させ、「今、動かなければ、一生浮かばれない」という焦燥感をもたらした。

また、同じく二〇〇〇年に訳書が出たミリオンセラー『チーズはどこへ消えた？』（スペンサー・ジョンソン著、扶桑社）の「今までのことに固執しないで、新しい環境への一歩を踏み出せ」という提言も、多くのビジネスパーソンの背中を押した。

私は、こうしたミリオンセラーに着目する。なぜなら、ミリオンセラーが出ると、それはちょっとしたブームを超えて、人々の価値観に影響を与えるからだ。

「価値観の変化なんて、抽象的な言葉で、煙にまいてるんじゃないの？」と思われるかもしれないが、違う。これは、私たちの社会に、目に見える、多大なインパクトを与えるんだ。価値観が変われば、行動が変わる。すると成長する市場、活躍する人も変わる。

先ほどの例で考えると、それまでの価値観は、「一流企業で出世する」という物語を支えていた。しかし、その物語が、『金持ち父さん』と『チーズ』といったミリオンセラーによって、書き換えられてしまった。すると、その本を読んだ一〇〇万人が、会社に行ったときに、「え？　今までの自分って、何に向かって走ってたの?」と突然、我を振り返るわけだね。

　私の観察によれば、こうしたミリオンセラーが出た一年半から二年後に、その本のテーマが、社会的な現象として、世の中に現れ始める。だから、当時の私は、考えた。「いったい、今までの物語を失った人々が向かう先は、どこだろう?」と。

　その問いに対する、私の答えは、「勉強」だった。なぜなら、「これから何をやっていいのかわからないから、まずは勉強だけはしておこう」と思う人が多いはず、と予想したのだ。そこで、本を速く読める方法論を紹介したら、面白いかも……、と思い立ち、以前から目をつけていた「フォトリーディング」という米国発のスピード情報編集法を、日本に紹介することにしたのである。二〇〇一年九月、フォトリーディングを解説したポール・R・シーリィの『あなたもいままでの10倍速く本が読める』(フォレスト出版)が出版された。それは予想通り当たった。瞬く間に一〇万部を超え、大ベストセラーになった。そして類書が次々と出版されるようになった。それまでは、「就職したら、もう勉強したくないよね」という雰囲気だったのが、突然、「スキルアップしなくちゃね」と、明らかに風潮が変わった。勉強ブームが始まったのだ。

ベストセラー書による時代の変化は、今度は、新たに注目される人を生み出す。フォトリーディングを学び、時代の寵児になったのが、勝間和代さんだ。彼女は、二〇〇六年以降に、経済的に自立しながら生き方も素敵な女性を目指す「新しい女性の働き方」を提唱する本を次々と出版し始めた。

『インディでいこう!』や『無理なく続けられる年収10倍アップ勉強法』(共にディスカヴァー・トゥエンティワン)には、三人の娘さんを育てながら、外資系金融機関やコンサルティング会社で成果を上げてきた勝間さんの生き方と、勉強や仕事などの具体的な方法論が細かく記されている。それらを読んで、「自分だってできる!」と多くの女性が奮い立った。勝間さんの本は出せば出すほど飛ぶように売れ、勝間さんの本を愛読する人たちは、カツマーと呼ばれるほどの社会現象となった。紅白歌合戦のゲスト審査員にまでなったことからわかるように、彼女は女性の働き方に関する意識変革を全国津々浦々にもたらしたのだ。

なぜ本が、このようなブームの火付け役になるのかと言えば、テレビや新聞、雑誌などのメディアの人たちが、「ネタ元」として本を活用しているからだ。もちろんネット情報をネタにすることもあるけれど、その信憑《しんぴょう》性はまだまだ低い。たとえば医療・美容・健康情報をまとめたキュレーションサイト「ウェルク」の掲載コンテンツが問題視され、二〇一六年に閉鎖された事態からもわかるように、マスメディアがネット情報を取り上げるうえでは、しっかりと裏をとってからにしなければならない。

それに比較し、名の通った出版社から出される本の内容は、「知識の番人」と言える編集者のチェックが入っている。内容が悪いものは、アマゾンなどで酷評され、淘汰《とうた》される。だから新聞でもラジオでも取り上げやすい。

また本が注目されていく道筋は、すでにわかりやすく整備されている。書店で売れ始めた本は、新聞・雑誌の売れ筋ランキングに掲載される。すると雑誌やラジオから著者に取材が入る。それが面白い映像になりそうであれば、テレビも動き出す。

このように本という形でまとまったコンテンツは、他の媒体においても、編集・活用されやすい。だからブームを巻き起こしやすく、その後、社会全体に広がるムーブメント、さらには人々の価値観すらも変えてしまうパラダイムシフトにまでつながっていくことさえある。

本や雑誌をすっとばして、ネットから始まるムーブメントも、もちろん、たくさんある。

「ムーブメントを創るのは、圧倒的にテレビじゃないか」と考える人も多いだろうが、私の意見では、テレビが得意とするのは、ムーブメントを起こすのではなく、広げること。スイーツやファッション、グッズといった商品や言葉などが爆発的にヒットするためには、テレビの影響力は圧倒的。だが、社会通念と異なる概念を広げることに挑戦したり、パラダイムシフトにつながるようなムーブメントを起こしたりすることについては、スポンサーなどへの配慮もあり、テレビはあまり積極的ではない。

無責任なネット、一部を切り取れない書籍

これだけ多様なメディアがある中で、なぜ本は、変革の源流たる地位を占め続けているのか。

理由の一つには、やはり本が持つ権威があるだろう。各界の第一人者と呼ばれる人の多くは、今も、本によって自らの考えを発信しようとする。

というのも、テレビや新聞、雑誌というメディアにおいては、語ったこと、書いたことがそのまま使われることはまずないからだ。放送時間の制約で、話したことの、ほんの一部だけが切り取って放映されるから、曲解されてしまいかねない不安もある。しかし、本なら、そういうことが少ない。大手出版社の場合は、多少あるかもしれないが、中小の出版社なら、思い切ったことを書け

る。

もちろん、今ならネットで発信するということもできる。ただ先ほど話したように、ネットには無責任な情報が溢れているので、そこで発表した情報は十分な信頼を得られないというのが実情だ。すでに有名な人ならいざ知らず、そうでもない人が発信したところで、信用を得るのは難しい。またネット上で影響力があるブロガーも、影響力がある人ほど、本を出している。なぜなら本ほど影響力がありながら、誰にも邪魔されず、自分のコントロールがきく媒体はないからである。

また本の強みは、ネットリテラシーがない人にも情報を届けられることにもある。最近は高齢者でもパソコンを使いこなしている人が増えたが、それでもかなりの割合の人がパソコンを使えずにいる。そうした人でも、本なら、町の書店に行けば気軽に手に入るし、キーボードやマウスの操作で四苦八苦することなく、読むことができるわけだ。貸し借りもしやすいので、多くの人に広めやすい。

そして、メディアとしての本のもう一つの特徴、それは「ルールがあるメディアの中で、一番小さい」ということだ。裏を返せば、小さく始めて大きなムーブメントを起こせるということだ。数千部程度の自費出版だとしても、書店に流通させていれば、何かの拍子で持論を世に広められる可能性はある。近年、「本を書きたい」という人が非常に増えているのは、そのことと無関係ではないだろう。

本というのは、思想や新たなアイデアを広げていく小さな綿毛のようなもので、いろいろな人の思考に残る、独特な作用がある。もし神様が何かのメディアを使って世の中に必要なムーブメントを起こすとしたら、間違いなく、書籍を使って発信する、と私は思う。

だからこそ最先端の知識やアイデアを持つ人ほど、本を書きたいと考える。

そうして、本に最先端の知識が集うことになるのだ。

『君主論』『兵法』『マネジメント』……

意識の高いビジネスパーソンが本を読み続ける理由は、最先端の知識を得るためだけではない。淘汰されずに生き残ってきた、人類の知恵に触れられることだ。

マキャヴェリの『君主論』や孫子の『兵法』、ドラッカーの『マネジメント』などといった古典的名著は、一つの時代を創った思索のスタイルが内包されていて、その内容は現在も色褪《いろあ》せない。まさに温故知新で、これらの名著からは、読むたびに新たな発見が得られるものだ。

こうした古典は、ネットで抜粋したものを見るより、書籍の形でパラパラと読んだほうが、自分にささる言葉に出合えるものである。

このように私がいろいろな理由を述べるまでもなく、データを見れば、「本離れ」というものが多分にイメージによるものだということがわかる。

全国出版協会・出版科学研究所のデータによれば、書籍の推定販売金額のピークは、一九九六年の一兆九三一億円で、二〇一八年は六九九一億円にまで減少している。これを見るだけなら、「本離れが進んでいる」と思えるかもしれないが、ここ十年の推定販売金額を見ると、二〇〇九年の八四九二億円から、毎年前年比で〇・二%~四%台の減少で持ちこたえているとも言える。

では、なぜ本離れのイメージが広がっているかというと、雑誌が売上も銘柄数も減らしているからだ。ここ十年の雑誌の推定販売金額を見ると、二〇〇九年の一兆八六四億円から、二〇一八年の五九三〇億円まで、毎年前年比で三~一〇%台の減少を続けている。月刊誌、週刊誌の販売金額のピークは一九九三~一九九七年あたりで、一つ二つの例外を除き、そこから毎年減少し続けている。雑誌の銘柄数も十一年連続で減少中だ。売れ行きが悪いことで広告も入らなくなり、数多くの雑誌が休刊に追い込まれている。

つまり、書籍に関しては、このネットが台頭している時代において、かなり健闘していると言えるのだ。

そして、紙の本ではなく、電子書籍で読んでいる層も増えつつある。私自身は、すでにキンドルを三回購入している。当初の二機種については、二度ほど読んだあとに、使うのをやめてしまった。読みやすさやランダムアクセスのしやすさ、電源が不要など、利便性では、まだまだ本のほうに軍配が上がる、と感じたからだ。

しかし最新機種を購入してからは、大幅に使用時間が増えた。なぜなら高速でページをめくれるようになったので、スピード情報編集法であるフォトリーディングを使えるようになったからだ。またハイライト機能を使えば、重要なポイントを記録し、そのままメールで送れるようになった。何よりも、海外からの書籍を入手するのに、今までは一週間はかかっていたのが、電子書籍の場合には、一瞬で読み始められるのには本当に助かる。

デジタルメディアと比較して、旧態依然として見られる紙の書籍であるが、電子書籍については、今後、映像やインフォグラフィックスを組み合わせるなど、独自の進化が急速に進むに違いない。

日本の知的フロンティア

さらに、統計データがないので正確なことは言えないが、こと「ビジネス書」に関して言えば、この十年でむしろ存在感を増している気がしている。

一九九〇年代には、書店に、こんなにビジネス書は並んでいなかった。当時、店頭に並べられていたのは、ハードカバーで、白い表紙の堅苦しい翻訳書ばかり。日本の著者で、ビジネス書が売れていたのは、堺屋太一氏や大前研一氏といった大御所に限られた。

ところが、一九九〇年代の後半から、一気に流れが変わった。読みやすく、実践しやすい、具体的ノウハウ書が突如、出現し始めたのだ。

その突破口を開いたのが、実は、私の著作『あなたの会社が90日で儲かる！』（フォレスト出版）だった。この本の表紙は、ショッキングピンク。当時としては、ふざけたタイトルと表紙で、誰もが売れるとは思っていなかった。しかし……、爆発的に売れ始めて、全国の書店を席巻した。一冊のブームで終わるはずが、ずっと売れ続けている。周りの出版社は、売れている理由は、ショッキングピンクの表紙であるという結論になった。そこで、その後、何冊ものショッキングピンクの本が出回り始めた。

その後、前述した勝間和代さんや『ユダヤ人大富豪の教え』（大和書房）などで知られる本田健さん、そしてホリエモンこと、堀江貴文さんなど、一人で何百万部もの本を売るようなビジネス書の著者が、この十年で何人も現れた。一気に、ビジネス書の民主化が進んだのだ。

背景にあるのは、従来通りの働き方をしていたら、生き残れなくなったことだ。

どんなビジネスパーソンも、仕事において、何らかの悩みを抱えている。

たとえば、営業にも商品開発にもマーケティングにも共通する悩みは、日本にいる限り、少子高齢化のために市場は小さくなる一方、成長が期待できる商品やサービスを見つけ出すことが難しくなったことだ。そこで海外に活路を見出そうとするが、今度は強力なグローバル企業との競争が待っている。そうした厳しい環境の中で、結果を求められたとき、新旧の経営理論やマーケティング手法、新たな発想を生み出すフレームワークなどが書かれた本を読むのは、自然の流れだろう。

コミュニケーションの問題も、多くの人の悩みの種だ。終身雇用の時代は社内も社外も同じ人と長い間仕事をしていたので、ある程度ツーカーの関係になれたが、終身雇用が崩れ、人材の流動性が高まった今は、一緒に仕事をする人がコロコロ変わるようになった。他の部署や社外の人とプロジェクトを組んで仕事をする機会が増えたことも、そのことに拍車をかけている。最近は、価値観の違う外国人スタッフと働くことも珍しくなくなった。このような状況では、どんな相手とも上手にコミュニケーションをとれなければ、質の高い仕事はできない。しかし、メールの普及で、直接顔を合わせて話す機会が減り、意思疎通を図《はか》ることが難しくなった。そこで、「話し方」や「メールなどの書き方」などの書籍を読んで、コミュニケーションの精度を上げようと考える人が増えている。

仕事量が殺人的に増えてしまい、頭を抱えている人も山ほどいる。どこの会社も、人件費を抑制するために、最低限の人数しか雇わなくなったからだ。「同じチームの人間がやめたのに、人を補充してくれない」というのは、まさに今、あなた自身が直面していることかもしれない。残業も許されない風潮の中、仕事を終わらせるためには、効率的な働き方を見つけ出すことが不可欠だ。そこで、「手帳術」や「時間管理術」「整理整頓」などのテーマの本も売れていく。

ともあれ、イメージ先行で「本離れ」「本の時代は終わった」という言葉を鵜《う》呑《の》みにしてしまうと、時代が向かう先を見誤る危険性がある。無料情報が溢れているのだから、「本なんて読まなくていい」との考えが広がるのは、断固阻止しなければならない。それは、スナック菓子さえ食べていれば、主食はいりませんよ、ということを信じるようなもの。

本を手放すことは、自分の判断力を手放すことだ。考える力を失ってしまった私たちに、いったい何が残るのだろうか？

今の時代に必要なのは「知識創造」型の読書

このように、本の重要性は変わっていないわけだけど、意識の高い人の本の読み方には、変化が見られる。それは、「知識創造」「価値創造」型の読書をする人が増えているということだ。

その理由は、世の中で付加価値をつけられる人のスキルセットが変化したこと。旧来型の読書をしても、評価されなくなったことにある。

旧来型の読書というのは、本に書いてある知識をしっかりと頭に入れ、それを必要なときに正しく迅速に引き出せるようにする、というものだった。かつての知識人というのはこういう人だったわけで、たとえば、マルクスの『資本論』を読破し、その内容を正確に語ることさえできれば、大学教授や評論家として社会的地位を得られたわけだ。

ビジネスでも、そうした「旧来型の読書」型の人材が求められていた。たとえば役所や銀行では、何よりも正確性が求められる。そのため、書いてあることを記憶する能力のある人、たとえば東大生などの受験エリートがもてはやされたわけだ。高校や大学の入学試験も、マニアックな知識を暗記しているかを問うような問題ばかりだったから、当然、誰しもそれに適応するために、必死で知識を暗記した。たとえば、日本史なら、歴史上あまり功績のない武将の名前や、幕府の禁止令が発令された正確な年号、遣唐使の船に乗れる収容人数などを丸暗記した思い出が、あなたにもあるんじゃないかな。

ところが、その「正確な知識を提供する」役目は、今やコンピュータに取って代わられてしまった。何かわからないことがあっても、ネットで検索すれば、すぐに情報が取り出せるようになった。もはやそれは、水道の蛇口をひねって水を飲むぐらい、簡単なことだ。だから、知識を受け売りするだけの記憶型の人は、まったく価値がなくなってしまった。今や需要があるのは、クイズ番組ぐらいか。いや、今では、奇想天外な解答を出せる人が喜ばれるから、その需要も減ってきているかもしれない。

代わりに、求められるようになったのは、「知識の創造」「価値の創造」だ。

これもあなたが仕事の現場で直面しているように、どの業界でも、これまで誰も直面したことのない問題や課題が次々と発生している。たとえば、スマホがテレビのライバルになるなんて、誰も思っていなかった。当然ながら、そうした問題の答えをズバリと書いてある本なんて、どこにもない。求められているのは、こうした難問に対して、創造的な解決策を見出し、それを形にしていく能力だ。

このような状況の変化は、「イン・フォメーション」から「エクス・フォメーション」への転換とも言い換えられる。

イン・フォメーションとは、外からの情報を受け入れて自分の中に認識を形創ること。それに対し、エクス・フォメーションとは、自分の内にある認識を、外へ形創っていくことだ。イン・フォメーションは、世の中から求められている自分を創っていく行為であるのに対し、エクス・フォメーションは自分が求めている世の中を創っていく行為と言える。後者を常に意識した行動をとることが、これからの時代は何よりも求められる。

キュレーション、そしてイノベーション

では、どうすれば知識や価値の創造ができるのか。

「知識の創造」には、大きく分けると二つの段階がある、と私は考えている。第一段階の「情報の編集」と、第二段階の「知識（価値）の創造」だ。

第一段階の「情報の編集」とは、世の中の情報から、正しい情報と間違った情報を見分け、編集したうえで、発信することだ。いわば、キュレーション（目利き）だね。

ネットの登場によって、世の中に流れる情報量は爆発的に増えたけど、それらのほとんどは信用できない情報と言っても言い過ぎではないと思う。知識人と呼ばれる人もメディアも、間違った情報を平気な顔をして流している。

せっかく知識や価値を創造したとしても、その元となる情報が間違っていた

ら、その価値は失われてしまう。だから、最初に情報の見極めが必要というわけだ。

そして、第二段階が、「知識の創造」。正しい情報を元に、行動しながら思索を重ね、今までにないアイデアや知識を創造することだ。これまで世の中になかった商品やサービス、斬新なマーケティング手法、画期的な製造技術やオペレーション……。こうしたさまざまな解決策によって、社会や会社の問題や課題を解決していくわけだ。

実は、「知識の創造」は、まだまだ過渡期の段階にある。実際のところ、人工知能や自動運転、さらにはＩｏＴといった技術が出現したことで、今までとは、まったく異なる時代に突入することを実感し始めた人が多いのではないか。こうしたテクノロジーによって、今後は、あらゆる側面で抜本的に、私たちの生活が変わり始める。私たちには、足りないものばかりとなる。つまり、その空白を埋めるための、知識の創造ができるということは、これ以上ないほど大きな強みとなる。

「知識創造（価値創造）」型の読書とは、どういうものか、知りたくなってきたんじゃないかな。

そろそろ語っていくことにしようか。

第1章

「目的志向型」読書

知識創造時代のスタンダードスキル

三つのシンプルな原則

最初にお伝えしたいことは、「知識創造型の読書」はコツさえつかめば、誰でもできるようになることだ。

「これまであまり読書が好きじゃなくて、年間数冊しか読んでいないんです」
「私なんてライトな小説しか読んでいません」
「いや、僕なんてマンガしか読んでいません」

という人たちだって、一週間後には、バリバリとオリジナルな知識創造ができるようになる。あまりの変貌ぶりに、あなた自身が一番びっくりするだろう。

では、どうすれば、「知識創造型の読書」ができるようになるのだろうか。

ざっくり言ってしまえば、次に掲げる三つのシンプルな原則を実行すればいいだけだ。

1. 目的志向型の読書をする
2. 複数の人と共に読む
3. 即、行動に結びつける

「なんだ、そんなことか」と思った人もいるんじゃないかな?

しかし、これらの三つを実践している人は、一〇〇人に一人もいないと言っていい。「目的志向型読書」に関しては、いつもできている人はほんの一握りだし、やり方が間違っている人も散見される。「複数の人と共に読む」に至っては、誰とどこでどんなふうに読むかによって、その効果は天と地ほどの差がつく。こんなシンプルな原則でも、きっちり実行するには、それなりにポイントを押さえることが必要だ。

私自身の経験も交えながら、知識創造型読書のポイントについて、解説していくことにしよう。

脳が「要・不要」の判断をするために必要なもの

まずは「目的志向型の読書」から説明しよう。一言で言ってしまえば、「なぜその本を読むのか」という目的を明確にして、本を読むことだ。

読書に限らず、「目的を明確にする」ことの大切さは、聞き飽きるほど、あちこちで言われていることだ。あなたも、会社では、目的を意識しながら仕事をしていると思う。手帳に自分の目的や目標を書いている人も少なからずいるだろう。

しかし、普段は目的意識を持っている人でも、こと読書となると、なぜか目的意識がどこかに行ってしまっていることが多い。あるいは、目的意識があいまいだったりする。たとえば、「いずれ何か仕事の役に立つだろう」とか「教養を身につけたい」などといったように。その結果、「たくさん本を読んでいるのに、あまり仕事の役に立っていないんですよ……」なんて悩みを抱えることになるわけだ。

なぜ、「目的意識がない」「目的があいまい」だと、たくさん読んでも仕事の役に立たないのかと言うと、どの情報が必要なのか、脳が判別できないからだ。本に書かれている内容すべてが何かの役に立つ気がして、あれもこれもと散漫になってくる。本は付箋だらけになり、ラインマーカーは引き放題。しかし、結局のところ、何も覚えていなかったり、何の行動にも結びついていなかったりするわけだ。

「何か得られるだろう」という受動的な姿勢では、本から得られるものはない。目的を明確にして、必要な情報を能動的に「取りに行く」ことが、知識創造をするうえでは必要だ。

目的と言うと、「世の中に貢献したい」「地球環境を守りたい」などといった、かしこまった目的を掲げようとする人は多いが、そんな大きな目的を掲げる必要はない。今の自分にとって身近に感じられる目的でＯＫだ。

たとえば、

「ビジネスのアイデアを発展させるために、この分野の最新情報がほしい」

「明日の会議の資料を補強するために、こんなデータがほしい」

「来週のプレゼンを成功させるために、話し方の技術をワンランク高めたい」

というくらいに具体化できればいいだろう。

なぜ、ほしい情報が突然飛び込んでくるのか

目的を明確にして読書をすると、その効果がすぐに実感できる。

一つは、大げさではなく必要な情報が目に飛び込んでくるようになることだ。何かのきっかけで新しいキーワードに興味を持ったとたん、新聞を読んでも、テレビを見ても、町を歩いていても、そのキーワードが無意識に飛び込ん

でくるようになった経験は、皆さんもお持ちではないかと思う。アンテナを上手に張れるようになるから、このようなことが起こるわけだけど、目的を明確にすることで同じような効果が得られる。つまり、必要な情報が向こうから飛び込んでくるようになるわけだ。

さらに、読まなくていい箇所もわかるようになるので、一冊を読む時間が圧倒的に短くなる。

この「短時間で読めるようになる」ことは、今の時代にとって必携のスキルだ。

知識創造をするためには、膨大な情報の中から、正しい情報を見分け、誤った情報を排除する「目利き」が必要で、その目利きができるようになるには、その分野の本を大量に読むことが望ましい。今の時代、プロフェッショナルを自認するなら、それぞれの分野の専門書を三〇冊は読みたいところだ。

「三〇冊も読むなんて……。キツイですね」

と思うかもしれない。しかし、目的志向型読書をすれば、その程度の量は、数日間で読むことが可能だ。平日は忙しいビジネスパーソンでも、週末を使ってすべて読み終えることもできる。今までの感覚だとちょっと考えられないほどのスピード感だよね。

同じ分野の本をそれだけ読めば、目利きができるようになり、周りの人からも、「専門家」と認識されるようになる。もちろん、多くの正しい情報から、オリジナルの知識を創造できるようになるというわけだ。

現代は本以外にも、ＳＮＳやブログ、各種映像メディアなど、目を通さなければならないものが多々ある。本はメディアの中でもとくにエネルギーが高いとはいえ、本だけですべての知的活動ができる時代ではない。また、世の中が慌ただしくなり、細切れの時間の活用が求められるようになっており、そういう意味でも、「目的志向型読書」によって短時間で読むことは必須になってきている。

また、不思議なことに、目的意識を持って読書をしていると、自分に必要な本と必要なタイミングで出合えるようになる。頼んだわけでもないのに「これいい本だよ」と人から勧められることもあれば、本屋に行ったら、普段は見ない棚に吸い寄せられていき、そこで必要な本が見つかることもある。私も、どうしてあるのかわからない本が机の上に載っていて、読んでみたら今の自分に必要な本だった……という経験をしたのは、一度や二度じゃない。

そして、目的を持って読めば、「ああ、いいこと書いてある本だったなぁ」で終わらせることなく、「よし、目的を達成するために、このことをやってみよう」とリアルな行動につながりやすくなる。行動すれば、本から得た知識が生きた知識へと進化するだろう。イノベーティブな知識の多くは、こうした過程の中から、生み出されるものだ。

目的意識を「一つ」持つだけで、ここまでの変化が起きるのだから、ぜひ皆さんにも体感していただきたい。

「フォトリーディング」×「目的志向型読書」

目的を明確にすることの重要性はおわかりいただけたかと思うけど、さらにその効果を高めるには、序章で話題にした、スピード情報編集法「フォトリーディング」を身につけるといい。目的志向型読書に習熟し、習慣化するために、フォトリーディングはとっても使えるメソッドだ。

フォトリーディングとは、一秒一ページのスピードで、本をめくっていくプロセスだ。その動作が、あたかも写真で、本のページ全体を写しとるようだから、フォト（写真）リーディングと呼ばれている。あまりにもページをめくるスピードが速いので「超能力か！」と勘違いされることもあるが、そうではない。あなたも書店に行って、厚い本を手に取ったとき、実際に購入する前に、素早くパラパラとページをめくるだろう。そのように誰でも無意識に使っているさまざまな読書技術を、目的に応じて組み合わせることによって、スピーディに文書を処理していくロジカルな技術である。

フォトリーディングは、経済評論家の勝間和代さんや心理カウンセラーの心屋仁之助さんをはじめとした著名人が実践し、成果を上げている。何より、私自身が、この方法を実践して、二〇冊の本を数時間で処理したり、三五〇ページの分厚い本を十五分ほどで読んだあと、その本について一時間語ったり、といったことをしている。フォトリーディングを学んでいなければ、今の私はないとすら言える。

「毎秒一ページなんて、誰にだってできることじゃない」と思うかもしれないが、子どもにもできる。実は、この読書法のポイントも、『目的意識』に他ならない。目的をはっきりさせるからこそ、超高速で読んでも必要な内容が脳に刻まれるのだ。

正確には「フォトリーディング・ホール・マインド・システム」と呼ばれる

この方法は、五つのステップから成る。単なる速読法ではなく、学術論文やレポートを書くときのように、同時並行に複数書籍を読んでいきながら、自分自身のオリジナルな見解を短時間で見出したいときに、とても効果的だ。関心がある方のために、第3章の最後に、具体的プロセスを解説しておいたので、あとで目を通していただきたい。

フォトリーディングは、難易度の高いスキルのように思われるが、私たちが自然に、毎日のように使っているスキルである。あなたも、スマホを高速で文書をスクロールしながら眺めているだろう。これが、フォトリーディングだ。大量のテキスト情報を一気に脳に触れさせることで、情報をスピード処理していくわけだが、この誰もが無意識に使っているスキルを意識的に組み合わせることで、どんな文書でもスピード処理できるようになる。難解な専門書でも、洋書でも、古典でも——気軽に読めるようになってしまうことは、正直、快感以外のなにものでもない。

ちなみに、今の子どもたちは、ゲームやスマホなどで、多くの情報をビジュアルで処理することを日常的に行なっていて、ビジュアル処理のスピードが昔の子どもたちに比べて圧倒的に速くなっている。たとえば、ロールプレイングゲームで出てくる登場人物のセリフや、戦闘シーンで次々と起こるイベントに、難なくついていける。

だから、同様に脳のビジュアル処理能力を使うフォトリーディングを教えると、すぐに身につけてしまう。こうした子どもたちが社会に出てくれば、現在よりも、さらにさまざまなもののスピードが速まっていくだろう。

読んでいない本を堂々と語っているか

このように「目的志向型読書」やフォトリーディングを勧めると、こんなことを思う人もいるかもしれない。「神田さん、最初から最後まですべて読まないと、著者の主張を正しく理解できないんじゃないの？」と。

結論から言えば、一字一句をじっくり読まなくても、著者の主張は正しく理解できる。

というのも、一冊の本の中身のうち、内容を把握するうえで重要な文章は、それほど多くないからだ。一説には、その量は、全文章の「四～一一％」しかないと言われている。あとの部分は、本論を補足するためのエピソードだったり、それほど大事ではないけど知っていたほうがお得な話だったり、本論には関係のない脱線話だったり、と見過ごしたとしても大勢には影響がない。だから、四～一一％の部分だけを見つけて読めば、必要な情報は把握できるというわけだ。

ただ、人間は、本を自分の読みたいように読んで、自分のいいように解釈するので、著者の主張を一〇〇パーセント正確に受け取っているとは限らないのだが。それは、解釈の問題であり、一冊丸ごと読んだかどうかとは別問題だ。

しかし、そもそもの話、著者の主張を一〇〇パーセント正しく理解する必要はあるのだろうか。

文学作品などの内容について決まった答えを書かせる一昔前の学校のテストをするなら話は別だけど、私たちの読書の目的は、「その本を読んで、新しい知識を創造すること」だ。

そう考えると、主張を一〇〇パーセント理解しているかどうかや、全部読んだか読まないかは、どうでもいいこと。極端な話、一ページしか読まなくても、自分ならではの意見を持てたり、知識を創造できたりすれば、それでいいわけだ。むしろ、主張を完璧に把握していたり、一冊すべてを読めたとしても、何の知識も創造できなければ、それは読まなかったことに等しい。

パリ第八大学の教授で、精神分析家であるピエール・バイヤールが著《あらわ》した『読んでいない本について堂々と語る方法』（筑摩書房）という本があるが、この本の主張はまさにそれだ。著者を含め、大学教授の多くは、文学者必読とされる文学作品について、すべて読んだわけでもないのに、その作品の意見を述べているという。もっとも、この著者は、それがいけないと言っているわけではない。むしろ、本を読んでも、意見を形成していないほうが問題だという。「読んでいない本について堂々と語るくらいでちょうどいい」というわけだ。

仮に誰かとその本についての議論になり、自分が読み飛ばした部分に話が及んだら、素直に「そこは読んでいない」と言えばいいだけの話だ。このように考えていくと、本を丸ごと読む必要はない、となるわけだね。

ただし、私は一冊をじっくり読むことを否定しているわけではない。「これは」という本があったら、頭から終わりまでじっくり読んでも、何回繰り返して読んでもいいと考えている。私も、大部分の本は、一冊数分で終わらせてしまうが、良書を見つけたときには、じっくり精読するし、何度も繰り返し読んでいる。

目的志向型読書をしていると、良書を見極めるスピードも速くなる。精読派にとっても、価値の高い読書法だ。

ステージごとに読むべき本を変える

目的志向型の読書をするにあたり、一つ注意してほしいことがある。それは、「設定すべき目的は年代ごとに変わってくる」ということだ。会社で働く人なら、「会社で求められることが変わってくる」と言い換えてもいいだろう。

私は、人生は約七年周期でその役割を変えていくと捉えている。

たとえば、入社したての二十二～二十八歳ぐらいまでは「見習い」の時期。基礎スキルを習得し、一日でも早く、会社の業務を正確に効率良くこなせるようになることが求められる。以前なら、会社の先輩に仕事のイロハをじっくりと教えてもらえたものだが、最近は誰も彼も余裕がないので、懇切丁寧に教えてくれるような職場のほうが珍しくなってしまった。スキルを身につけるには、本から自分で学ぶことが必要になったというわけだ。

ならば、まず意識すべきは、「基本的なスキルが身につく本」。営業や広報など業務の入門書、プログラミング言語や法律などの専門知識の本、時間管理法のようなスキルの本などを、具体的に「○○の仕事に役立てたい」という目的意識のもとに読むべきだ。

一つ注意しておきたいのは、この時期に生き急がないことだ。成功を急ぐ自己啓発書の影響からか、最近は、二十代の若さで、見習い期間をすっ飛ばして、功を成し遂げようとする人が増えているが、あまりにも経験が足りなさ過ぎて、挫折する人がほとんどだ。

私自身、感じるのは、人間には人生の積み重ねが必要だということ。学ぶべきときに学んでおかないと、のちのちその影響が必ず出てくるものだ。この年代を越えると、家庭を持ったり、仕事が忙しくなったりして、基本的なスキルを習得している時間がなくなる。その時期を見据えて、二十八歳までは会社の業務を正確にこなすスキルを地道に身につけておくべきだ。

次の二十九～三十五歳は、「探求者」の時期。仕事を正確に効率良くこなすだけでなく、「自分はどのような役割を果たせば、会社に貢献できるのか」「自分が本当に才能を発揮できる分野は何か」を考える必要がある。あるいは、得意な分野の知識をさらに深め、「自分が本当に向いている仕事は何か」を探るべき時期でもある。

この時期に読む本は、そうした「役割探求」のための本だが、それは世間でよく言われる「自分探し」とは異なる。自ら新しい企画を出したり、プロジェクトの責任者に名乗りをあげたり、と今の仕事でさまざまなチャレンジをしながら、自分の役割を考えていくという方法だ。それを踏まえれば、この時期に読む本は、会社を大きな視野で捉えるためのMBAの経営戦略の本や、企画を考えるために役立つビジネス書などということになる。

「破壊者」には歴史本が効く

そして、三十六〜四十二歳は「破壊者」の時期。いったん「これまでの役割を『破壊』する」必要が出てくる時期だ。

今まではプレーヤーとして個人で実績を出せばよかったのが、この年代からは周りの人々を率いる立場になり、部下に任せて成果を出さねばならなくなる。「自分だけができればいい」というのではなく、他者のスキルを引き出す側にまわるわけだ。ここでは、「優秀なプレーヤー」という自分を一度破壊しないと、人に任せられず、次のステージには進めない。

人の力を引き出すには、マネジメントスキルも必要だが、信頼できる上司だと思われることが欠かせない。マネジメントの本も有益だが、自分自身が内的な知性を育《はぐく》み、人間的な幅を広げることが大切だ。

そのうえで、とくに役立つのが「歴史本」である。一流の経営者ほど歴史本をよく読むというが、彼らは決して事実を追うだけでなく、「歴史の激動の中で、人はどのようにものを考えるのか」「リーダーはどのように部下をまとめて、力を引き出し、困難を打開したのか」に注目する。これらを通じて、先が見えない状況における指針や判断基準、すなわちリーダーとしての軸を身につけていく。それが人心掌握やリーダーシップに大いに役立つのだ。

歴史本でとっつきやすいのは、やはり小説。司馬遼太郎や吉川英治、塩野七生などの大御所の本は外れがないだろう。

また、この時期までは「与えられた仕事をこなす」でよかったのが、ここからは、「自分で仕事を創り出す」必要が出てくる。前の二十九〜三十五歳の時期は、それほど周囲も求めていないが、この時期からは、周囲もそうした動きをあなたに求めてくる。

それを踏まえれば、新規事業を創る、あるいはビジネスを抜本的に作り変えるための本も読むべきだ。たとえば、ビジネスモデルの構成要素を分解し、ビジネスモデルを生み出すプロセスを示した『ビジネスモデル・ジェネレーション』（翔泳社）や、行動につなげるためのシナリオの描き方が学べる『シナリオ・プランニング』（英治出版）のような本はこの時期の人には非常に役立つはずだ。

四十歳を過ぎて、スター著者のスキルを学ぶ本を読むのが悪いとは言わないが、それだけでは少しさびしい。ここからはスター著者の後を追いかけるのではなく、自分自身が何かの分野の創造者となっていく時期だ。前の年代で読むべき本は早めに卒業し、今の年代で読むべき本に切り替えていくことだ。

私のベースをつくった哲学書、自然科学書たち

このような年代別の読書とは別に、私が勧めたいのは、「知識創造のベースをつくる読書」をすることだ。

知識創造のベースをつくるうえで大切なことはいくつかあるが、最も重要なことは「世の中の本質とは何か」を学ぶことだ。

世の中で起こることには、表面的にはわからないが、必ず何らかの秩序や哲学がある。

たとえば、私が今まで読んだ中で、最も強い衝撃を受けた書籍の一つに『流れとかたち』（紀伊國屋書店）という本があるのだが、その理由は、熱力学の権威である著者の一人、エイドリアン・ベジャンが導き出した物理法則「コンストラクタル法則」にある。この法則を簡単に言えば、「すべてのデザインは流れを効率良くするために進化していく」というものだ。ベジャンによれば、河川の流域も高速道路網も人間の肺の血管も、生物・無生物を問わず、すべてのデザインは「コンストラクタル法則」によって支配されているという。

このような本質を知ると、物事の見方が変わってくる。「どんなことでも流れに注目することが大切だ」「仕事の本質は、経営の情報系統を美しく設計することなのか」ということが見えてくる。

表面的な知識ばかりでは、このような見方は身につかない。本質を押さえておくことで、物事を多角的に見る視点が育ち、知識創造へとつながっていくわけだ。

そうした世の中の本質を学ぶときに、最も効率が良く、手軽で安価な手段が読書である。高名な先生に話を聞きにいかなくても、良書を近所の書店でささっと買ってくれれば、今日からでも本質に近づけるわけだからね。改めて考えると、ものすごく贅沢なことだ。

世の中の本質を知る本は、やはり古典的な名著と呼ばれる本が中心になるだろう。

宗教や歴史などいろいろあるが、私の場合は哲学書や自然科学書だった。哲学や自然科学というのは、いわば世の中を動かす大きな流れだ。それを知ると本質への理解が深まる。

私も、大学時代に、現代物理学と東洋思想を研究し、「タオ自然学」を提唱したアメリカの物理学者のフリッチョフ・カプラや、『スーパーネイチュア』（蒼樹書房）や『生命潮流』（工作舎）などを著したイギリスの動植物・生物・

人類学者であるライアル・ワトソンなどの本を読み漁《あさ》った。彼らが説いた、教科書で学ぶサイエンスと人間の生活・思想との有機的な関係性を知り、学生時代の私は、ずいぶんと衝撃を受けたものだ。

カプラやワトソンの本からは、一つの学問にとらわれず、複数の学問にまたがった学際的な視点で物事を見ることによって、初めて本質が浮かび上がってくる、ということも学んだ。今、私が、ビジネスに立脚しながらも、その分野にとどまることなく、多方面の活動を行なっているのは、まさに彼らの影響が強い。そうすることで、人間や社会の本質を看破することができ、そのことが価値の高い知識の創造につながると考えているからだ。

このような「物事の考え方」や「物事との向き合い方」を、読書で身につけることもまた、知識創造のベースをつくるためには大切なことだ。「生きるスタイル」を確立する読書と言ってもいいだろう。

その意味で、私が大学時代に最も影響を受けたのが、グレゴリー・ベイトソンの『精神と自然』（思索社）である。彼はイギリス出身の、文化人類学や精神医学などの学者で、心理学の世界では非常に著名な「ダブルバインド理論」の提唱者だ。

『精神と自然』はニューギニアの部族から学習するイルカ、地球生命圏まで、さまざまな世界の認識の仕方について語られた本なのだが、正直に告白すると、当時の私は、書いてあることが何回読んでもまるっきり理解できなかった。というか、今でも理解できていると胸を張って言えないくらいだ。

しかし、この本は私に大切なことを授けてくれた。それは、「対話」によって本質を探究するという知的スタンスだ。娘との対話形式によって進めていくというこの本の形式に、私は強くインスパイアされ、本を読んだら、わからないところについて人と対話し、自分なりに理解をしていくようになった。詳しくは第2章で述べるが、私が読書において「対話」が大切だと考えているのは、実は、この本の影響がかなり大きい。私が過去に書いた『ロコミ伝染病』や『非常識な成功法則』（共にフォレスト出版）には対話形式の文章が出てくるが、これも『精神と自然』を参考にしている。

　また、哲学や自然科学ではないが、経済人類学者の栗本慎一郎氏の著作からは、「経済とは、数式だけで片づけられるものではなく、『パンツをはいたサル』が編み出すものだ」ということを学んだ。私が経営コンサルタントになってやっていくうえでも、マーケティングの見方に関しても、「常に人ありき」という前提を忘れないのは、栗本先生のおかげだ。

　こうした方々の本で学んだことは、明らかに私が知識創造を行なう際のベースとなっている。

　知識創造のベースをつくるための読書をしようとすると、難解な本にぶち当たることも少なくない。私でいえば、『精神と自然』もそうだし、私が大学生の頃に大ヒットした浅田彰さんの『構造と力』（勁草書房）もさっぱりわからなかった。

　最近は、昔と比べて、わかりやすくて手っ取り早く学べる本が多いから、そちらを選んでしまう人が多いと思うけれど、私は、難しい本にチャレンジすることは、今もなお、とても重要なことだと考えている。その本の解説本を読むよりも、難解な原典に触れたほうが、著者の考え方に直接触れられるからだ。理解できたのが一行だとしても、その一行は必ずあなたの脳裏に焼きついて一生離れなくなる。また、その時点ではチンプンカンプンでも、「世の中には自分が理解できないことがある」という学びにつながるし、二十年後、三十年後にようやく理解でき、人生が豊かになることもあるだろう。難しい本に挑戦し続ければ、複雑なことを理解しようとする体力も養われるので、少々硬いくらいの本なら、苦もなく読み進められるようになるはずだ。

難解な本は、さまざまな人との出会いを演出する道具でもある。私が、外務省に勤めてナイジェリアに赴任していたとき、人類学者の川田順造先生と懇意になるきっかけとなったのは、『構造と力』や『精神と自然』などに挑戦し、挫折した経験を話したことだ。すると、その本の読み方を教えてもらうことができ、心の距離が縮まっていくのを感じることができた。

また数年前に、マーケティングの世界的な大家であるフィリップ・コトラー先生のイベントのファシリテーターを務めさせていただいたとき、私が二十五年以上前に通ったビジネススクールでボロボロになるまで読み込んだ先生の分厚い著書を持参したところ、じっくり話す機会をいただくことができた。こんなことは、簡単に書かれた本では起こらないし、電子書籍じゃありえない。分厚く難解な本に挑戦し、これぞと思った本は、手元に置いておくと、将来の出会いを演出してくれる。影響を受けた本の著者には、あなたが望めば、必ず会うことができる。それが私の偽ることのない経験則だ。

本来、こうした「知識創造のベースをつくる」ための本は、時間的な余裕のある学生時代に読んでおくのがベストだが、何歳から読んでも遅くはない。思い立ったが吉日だ。

もちろん、読むときには、漠然と読むのではなく、目的意識を持って読むことが大切だ。たとえば、自分のビジネスに生かす視点を持つことで、抽象的な概念が、具体的な方法論やヒントへと落とし込まれていく。

「美」を知らなければ知識創造はできない

さらにもう一つ、知識創造のベースをつくるうえで必要なのは「美しいもの」に触れて、美的感性を磨いておくことだ。

今の世の中で、大きな付加価値を生み出し、巨額の富を稼ぎ出しているものは「美」だ。ディズニーは、その頂点に立つ存在。『アナと雪の女王』が大ヒットしたけれど、それだけにとどまらず、ディズニーの映画のクオリティはどれも素晴らしい。全世界で数百億、数千億円もの富を生み出すのも納得できる。

では、その映画をつくり出しているのは何かといったら、答えは、美的感性とプログラミング言語だ。

もっとも、いくらプログラミング言語に習熟していたとしても、美的感性が欠けていれば、人に感動を与える商品やサービスは生み出せない。しかし、美的感性があれば、プログラミングは詳しい人に任せることで、人の心に届くものを生み出すことはできる。つまり、何が美しいかがわかるかどうかで、付加価値を生めるかどうかが決まってくるというわけだ。

美的感性を磨くには、美しいものにたくさん触れる以外に方法はない。本来なら、感性のみずみずしい、子どものときにしておきたいことだが、大人になったらもう間に合わないかというと、そんなことはない。美術館で絵を見たり、庭園で自然美に触れたり、とリアルな体験が必要だが、植物や動物の図鑑で自然美に触れたり、芸術家の本を読んだりすることでも、美的感性は育てられる。

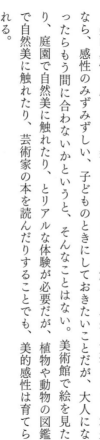

「毒になる活字」というものはない
――独立直後の私を救った『ナニワ金融道』

ここまででお勧めした本は、どちらかというと硬めの本が多いが、私は、やわらかい本でも学ぶべき点があると思っている。その最たるものが、マンガだ。

たとえば、私が独立してコンサルタント会社を始めたとき、最も役に立った本は、何を隠そう、マンガの『ナニワ金融道』(青木雄二著、講談社)だ。なぜ、この本が役に立ったかって? それは、著名なコンサルタントや経営学者が書いたような堅苦しいビジネス書には一切書いていない、「リアルなビジネスの世界」を知ることができたからだ。

独立する前、私は米国家電メーカーの日本代表を務めていて、アメリカのビジネススクールでMBAも取得していた。世間的には十分なビジネスの知識を持っているように見えていたはずだ。

ところが、いざ独立すると、そこには、それまでの経験がまるで通用しない、泥臭い世界が待ち受けていた。なにせ、開業して最初にかかってきた電話は、「インポテンツの治療薬をどうやって売ればいいか」。熊の剥製が飾られた、下町の怪しげなビルのオフィスで打ち合わせ……なんてスタートだったたからね。

こうしたカルチャーショックもさることながら、最も困るのは、中小企業ならではのビジネス慣習やトラブルと出くわしたときだ。

たとえば、中小企業と取引をしていると、「支払いは手形でいいか？」などと言われることがある。ここで安易にうなずいてしまうと、超リスキー。不渡りになってしまうことがあるのだ。また、架空の売上を立てるために、取引先から架空伝票を請求されることも、よくある話だ（もちろん、ホメられた話ではない）。

こうしたときに、泥臭いビジネスの現場の知識を知っていれば、落ち着いて対処することができる。その教材として、『ナニワ金融道』はもってこいというわけだ。


さらに言えば、他人を犠牲にしてお金を稼いでいく拝金主義的な人が書いた本を「読むに値しない」という人は多いだろうが、こうした本だって、一概に

「毒」とは言えないと思う。こうした本を読んで「自分もそうなろう」と考える人がいる一方で、「こんなやつには絶対にならない!」と志《こころざし》を強くする人も少なからずいるはずだからだ。そう考えれば、「毒になる活字」というのはないんじゃないかな。

重要なのは、目的意識を持って読むこと。そうすれば、どんな本からでも、学ぶところを見つけ出せる。たまには、「こんな本、くだらない」とバカにしていた本を読んでみてもいいかもしれない。そこには、意外な宝が埋まっていることがある。

英語が苦手な人にこそ洋書を読んでほしい

知識創造をするための本として、もう一つ忘れてはならない本がある。「洋書」だ。

私は、「実学M.B.A.」というオーディオ教材で毎月二冊の洋書を紹介するために、月二〇冊以上の洋書に触れているので、良書の多さを実感している。「海外から知識を仕入れる時代は終わった。洋書なんて読む必要はない」などと言う人もいるが、「そういうことは、読んでから言ってくれ」という話だ。

そもそも、米国の書籍市場規模は、日本の約三倍。しかも、米国では、日本よりもじっくりと時間をかけて本をつくる。日本では一人の著者が数カ月に一回本を出すことがごく当たり前のように行なわれているけど、米国ではせいぜい二年に一度。日本の本づくりを否定するわけではないが、論理構成や歴史的考察がよりしっかりと行なわれている。その分、作家は寡作になり、本の値段も上がるが、良書が生まれる確率が高いのは事実だ。

洋書にまでターゲットを広げれば、それだけ、良質な知識や、最新の知的ムーブメントなどの情報が手に入る可能性が高まるというわけだね。

洋書を読むときは、翻訳本でもいいのだが、できれば原書を読んでほしいところだ。

一番の理由は、英語を日本語に翻訳するという作業自体が、知的創造を刺激する面があるからだ。母語で読むと読み飛ばしてしまうところでも、洋書の場合は、立ち止まって読むことになるので、「これは日本ではどうなんだろう」などと考え、発想を刺激することになる。日本語、英語に限らず、外国語で本を読む意義はそこにある。より多面的に本に書かれたアイデアを眺めることができるのだ。

また、翻訳されない良書を逃さなくて済むということもある。アメリカで売れた本が、三年経っても、十年経っても翻訳されないというケースは珍しくない。たとえば、二〇一三年、ロバート・キーガン博士（共著）の『Immunity to Change』という本がようやく翻訳され、『なぜ人と組織は変われないのか――ハーバード流 自己変革の理論と実践』（英治出版）という題名で発刊されたけど、本国・アメリカで話題になったのは日本で発刊される四年も前のことだ。

だが、翻訳されるだけまだいいほうで、翻訳されていない良書は山ほどある。これは、出版社の怠慢というよりも、「分厚い良書は翻訳コストが高くつくので、すぐにペイできない」とか、「自費出版の本で、現地でもあまり有名ではない」ということで、なかなか翻訳されないというのが実情だ。洋書に挑戦すれば、そうした本と出合えるわけである。

これまで洋書の原書に触れてこなかった人は、「自分の英語力なんかじゃ、とても読めないよ……」と言うかもしれない。だが、ここでもやはり「目的意識」があれば、誰でも容易に、短時間で読むことは可能だ。

また、ひとまず買っておき、気になったときにペラペラめくっていると、書かれている内容がだんだんとわかってくることもある。重要なのは、とにかく洋書を買って手元に置いておくことだ。手元に洋書があると、なんだかちょっとカッコいいしね。

一ページでも実生活の役に立てば価値がある

及び腰になっている読者の方に、ギターなどの楽器を製造しているフジゲンの横内祐一郎会長のエピソードを紹介したい。

横内会長は、世界一のグレコギターの創業者として知られているが、戦後は、ギターとまったく関係のない、農業経営をしていた。そのとき、牛の乳の出が悪くて、生活に困っていたそうだ。そこで、横内会長がとった行動は、アメリカの最先端の方法を知るために、紀伊國屋書店に行って、乳牛について書かれた洋書を取り寄せること。今じゃ考えられないが、その値段は当時の年収の一カ月分。でも、「この本を取り寄せることで、家族が救われるなら」と藁にもすがる思いで、注文したそうだ。

三カ月後、ようやく本が届いたが、問題はそこからだった。横内会長は、当時、英語がほとんどできなかったそうだ。しかし、本文中の写真を頼りに、本を見ていき、気になる写真があるページだけ一生懸命辞書を引いて読んでいった。数字でリットルと書いてあれば、「乳の量に関することじゃないか？」と、少しずつ読んでいったわけだね。

するとかすかながら、書いてある内容がわかり始めた。その内容を生かして、自分の方法を改善していった。その結果、他の農場の何倍も、乳牛の乳の出を良くすることに成功し、酪農コンテストで優勝するほどになったそうだ。

極端な話に思えるかもしれないが、目的意識が高ければ、本の中の写真からだけでも得られるものはある、ということだ。

すでに述べたが、最初から最後まで読む必要などまったくない。一ページでも、自分の仕事に生かせれば、手に入れるだけの価値がある。

少し前まで洋書は、一部の書店でしか手に入れることができず、価格も高かったが、今なら、ネット書店で、日本の本よりも少し高い程度の値段で、気軽に買うことができる。また、電子書籍で買えば、より安い値段で購入できる。これだけ条件が揃っているのだから、読まない手はない。

そして、英語で同じ分野の本を三〇冊読めば、周囲の人から認められるだけでなく、日本全体でもトップクラスの識者になれる可能性はある。ぜひ挑戦してみてほしい。

洋書を買うときのポイントもまた、「自分の目的を達成するための本」を選ぶことだが、何を買っていいかわからないかもしれない。その場合は、洋書を日本語で紹介しているサイトなどをチェックしよう。そこで紹介されている本の中から、目的に合った本を見つけて、読んでみることで、信頼できるサイトやキュレーターを見つけ出せる。

ちなみに、洋書を買うのはハードルが高いという人は、雑誌から始めるのも一つの方法だ。雑誌には写真がたくさん載っているので、写真と写真説明を見れば、なんとなく内容を読み取ることができ、読むのが楽しくなってくる。また、広告を見ると、日本にはまだ上陸していない商売が見つかることがある。そこには、大きなビジネスチャンスが眠っているというわけだ。とっかかりとしては、最適な手段と言えるんじゃないかな。

人生を楽しむ読書は必要か

ここまで「目的志向型の読書」についてのポイントを語ってきたが、「本ぐらいゆっくり楽しんで読みたい」という人もいるだろう。もちろん、趣味の本や文学に関してはその通りだと思う。ゆったりと物語を楽しみながら読む、「心に栄養を与える」読書もまた、人生に必要なことだ。

もっとも、これは「目的」が「楽しむ」にあるわけで、やはり重要なのは読書の目的ということになるんだけどね。

私自身、「心に栄養を与える読書」もしてきた。序章でも述べたが、小学生の頃の星新一さんに始まり、中学生になると、筒井康隆さんなどのエンターテインメント性の高い小説を読んでいた。ちなみに、芥川龍之介や三島由紀夫などは読んでもさっぱりわからなかった。高校生のときには、栗本薫さんのファンタジー小説『グイン・サーガ』にハマっていた。あまりにハマり過ぎて、栗本さんのサイン会にも行っていたほどだ。

さて、こうしたエンターテインメント小説の良さは、単に楽しいことだけじゃない。良質なエンターテインメントには哲学があり、そこから世の中の本質を学べることだ。

たとえば、私が高校生のときに読んだ短編小説だったと思うが、「お手洗いに行ったら、腕がニョキッと伸びてくる」という内容の作品があった。初めはとまどう主人公だが、試しに腕から血を抜いて売血すると、問題なくお金が得られたので、それに味をしめ、この腕に機械をつけてポンプで血を吸い上げ始めた。しかし、最後に、その血はなんと自分の血であることがわかり……。そのようなストーリーだったと記憶しているが、この話のミソは、ストーリーを通じて、環境問題の本質を暗に鋭く衝《つ》いていることだ。読んだ当時は気がつかず、楽しく読んだだけだったのだが、大人になってからなぜか何度も思い返し、ついに環境問題を示唆していることに気づいたのだ。それ以来、何度となく思い返しては、環境問題を考える契機になっている。楽しくのめり込めるエンターテインメント小説だったからこそ、強いインパクトを私に与えたのだろう。

また、これは星新一さんの作品にも言えることだけど、エンターテインメント小説の短編集は読んでいるうちに読書に慣れてくるし、集中力もついてくる。また、本の内容を通じて、読者の内的自省行為、つまり自分との対話を促す効果もある。実にいいことずくめだ。読書がそれほど好きではないという人や、子どもに読書習慣を身につけさせたいという人には、短編小説の活用をお勧めしたい。

また「心に栄養を与える」読書によって、文章の比喩やリズム感といった表現力を身につけることもできる。こうした表現力は、ビジネスをするうえで、何かと必要だ。事業計画書でも、商品紹介でも、読み手は五感を通じて文章全体を受け取るわけだから、無味乾燥な文章と、感性に訴えかけられる文章とでは、相手に伝わるものが一八〇度違ってくる。

表現力をつける意味では、エッセイや評論の類《たぐい》もためになる。

実は、私の文章の師匠とも言える存在は、ジャズピアニストの山下洋輔さんだ。音楽家としてのイメージしかない人もいるかもしれないが、実はエッセイや小説を多数書かれている。さすが音楽家で、文章の音やリズムがきれいで、音読すると心地よい。内容も面白く、ゲラゲラ笑いながら、次から次へと読み進められる。私の世代では、大学生の頃に、南伸坊さんや糸井重里さんなどのコピーライター系の方々が人気があったけど、私は山下さん派で、新刊が出るたびに買っていた。

今では考えられないかもしれないが、私は小学生の頃、ものすごく国語の成績が悪かった。作文なんて大の苦手だった。そんな私が、今、こうして本が書けるまでになったのは、こうした面白い小説やエッセイを読んでいたおかげだ。

表現力をつけるなら、「この人の表現はいい！」と感じた作家を見つけたら、その人の本をまとめて読むことだ。そして、自分が文章を書くときに、真似してみよう。それを繰り返しているうちに、その人の表現力や文章のリズム感などが自分のものになっていくはずだ。

第2章

本を持ち、町へ出よう

なぜ本を「みんなで読む」のか

もはや一人だけでは問題を解決できない時代

「目的志向型の読書」の重要性については、第1章でおわかりいただけたかと思うが、知識創造をするには、残念ながらそれだけでは足りない。

もう一つ、実践してほしいことがある。

それは、「みんなで本を読む」であり、そして「全員でそれについて語り合う」ことだ。部屋にこもって一人で読むだけではなく、本を持って、町に出て、みんなで読むことを勧めたい。いわゆる「読書会」に参加したり、自ら開催したりすることと言い換えてもいいだろう。

「本は一人で読むもの」

と考える人は多いんじゃないかと思う。

なぜ、人々はそう考えるのか。そうした考えが人々の中に染み込んでいった背景にあるのは、戦後の高度経済成長だ。当時は、「どのように国を成長させていくか」「そのために企業は何をすべきか」といった方向性は見えていたわけだから、皆で話し合って、ダイアログ（対話）を積み重ねて、新しい知識創造をする必要なんてなかった。

そして、このような状況において、社会が躍進するために最も必要だったのは、斬新な発想をする人ではなく、決められた方向性に則《のっと》って着実に業務を遂行できる人だ。そういう人物が求められたからこそ、大学受験でも正しい解答を間違いなく答えることを問う試験が出題され続けた（そして現在もそれは続いている）。

つまり、暗記力が問われていたわけだから、一人で本を読んだほうがはるかに効率が良かったわけだ。

しかし、状況はガラッと変わってしまった。そのことについてはあなたもよくご存じだろう。人類はあらゆる分野において壁にぶつかり、進むべき方向性が見えなくなった現代において、問題は複雑化し、一人ではとても答えを見つけ出すことができなくなってしまった。

このような状況下で問題解決をするとき、私たちに必要なものは何か。それは、高度な知識創造をすること。すなわちダイバーシティ、異なる考え方の人同士が話し合うことが必要不可欠になるのだ。

そうした場をつくるうえで、「読書会」は最善の手段と言っていい。一つの本を紐帯《ちゅうたい》とすることで、良質なコミュニケーションを生み出せるからだ。

ただ人が集まるだけでは効果は薄い。そこに「目的」がないからだ。読書会は「本」を触媒にすることで、参加者の脳を刺激し、さらに参加者同士のつながりによって、新たな「知」を生み出すことを可能にするのだ。

明治維新、本当の原動力は何か

古くから、とくに危機の時代や時代の変革期においては、こうした「読書会」が日本各地で開かれてきた。

たとえば、江戸時代の末期には、吉田松陰の「松下村塾」や緒方洪庵の「適塾」などの私塾が数限りなく生まれた。松下村塾からは高杉晋作や久坂玄瑞、伊藤博文、山縣有朋などが輩出され、適塾からは福澤諭吉や大村益次郎、橋本左内などが輩出されたわけだけど、そこで行なわれていたのは、まさに全員で本を読み、議論するという教育だった。新しい時代を創るには何をすべきかを話し合い、そうした議論を行動につなげることで、日本を動かす大きなムーブメントとなり、ついには明治維新によって新時代の幕を開けることができたわけだ。

また、第二次世界大戦直後に、哲学者の西田幾多郎の全集が発刊されたとき、人々は発売前から本を買うために行列をつくったという。当時は、戦争による傷跡が町のあちこちに生々しく残っており、人々にとっては日々の生活すら苦しい時代であったにもかかわらずだ。こうして買い求められた本は、多くの人に回し読みされ、各地で活発な議論が行なわれたことだろう。こうした議論が、戦後日本の復興の原動力になったことは想像に難《かた》くない。

変革期にこそ多くの人が書物を求め、自分たちはどのような未来を生きていくかを議論し、行動につなげていく。

これは日本の伝統なのだ。食や洋服よりも書物を欲するのは、そこにエネルギーが宿っているからでもある。

そして今、まさに時代は再び危機の時代、大変革の時代を迎えている。言うまでもない。転換のきっかけは、二〇一一年三月十一日の東日本大震災だ。

実は震災の半年後に当たる二〇一一年九月、私は「リード・フォー・アクション（Read for Action）」という読書会ネットワークを立ち上げた。そのきっかけの一つは、末吉大希さんという青年のある行動だった。

彼は会計システムパッケージの開発会社に勤めていた二十五歳のとき、東日本大震災に直面し、「何かしたいが、何をすればいいのかわからない。自分なんて取るに足らない存在であり、何もできないじゃないか……」と悩んでいた。

そのとき、同じような人が他にもいるはずだと考え、震災から一週間後に、原発についての本を読む読書会を開いたのだ。集まった参加者は六人。放射能、環境、都市災害対策など、それぞれが持ち寄った本をみんなで読み、語り合うことで、テレビやネットから次々と流れてくる情報に振り回されていた心が落ち着き、本人いわく「体重が戻ってきた」という。そして、何をすべきかが見えてきて、地球を守るための読書プロジェクトを立ち上げるなどの具体的な行動を開始した。

私は、その話を聞き、以前から頭の中にあった「読書会」を具体化するのは、まさに今だと考えた。書物の力によってダイアログを促進させることで、地域変革を行なっていくことは、非常に意義のあることではないか、と考えたのだ。

もちろん、読書会の有用性は、地域変革だけにとどまらない。身近なところで言えば、あなたのいる業界や会社、部署を劇的に変える力を持っている。

『学問のすゝめ』を読んだとき、あなたなら何を感じるか

なぜ、みんなで本を読むことが、知識創造に効果的なのか。

一つには、やはり、自分一人では考えもつかなかった視点が得られるということがある。

同じ本を読んでも、受け取り方・感じ取り方は人によってバラバラだ。

たとえば、発刊以来、多くの人たちの間で読まれ、議論されてきた福澤諭吉の『学問のすゝめ』を例に説明しよう。

もしあなたがビジネスパーソンで、「今、何を学ぶべきか」を得ようという目的で『学問のすゝめ』を読み、「実学を学ぶことが重要。目の前の仕事に役立つことを学ぶべき」という考えを持ったとしよう。ただ、もう少し芸術肌の人は、「詩を作るのはムダというが、心を豊かにする。それが仕事につながることもある」と『学問のすゝめ』の内容について反論するかもしれない。ある

いは、「第十四編で述べられている『自分の人生の棚卸しの必要性』に最も感銘を受けた」と他の箇所に着目する人もいるだろう。マーケターの視点から「『あえて挑発することを言う』のは、まさに現代で言うところの炎上マーケティングだな」という独自の観点から『学問のすゝめ』を解釈する人もいるかもしれないね。

こうした多様な視点は、いくら一人で発想を広げたところでなかなか出てくるものじゃない。みんなで読み、他の人の意見や感想を聞くことで「そんな考え方があったのか」「あの話はそういう意味だったのか」といった具体的な気づきが得られるわけだ。

一方で、本を読んで得たことを人に語る機会ができるのも、みんなで本を読む意義と言える。

序章でも取り上げたが、知識創造を考えるうえでのキーワードとして、「イン・フォメーション」と「エクス・フォメーション」がある。

イン・フォメーションとは、外からの情報を受け入れて自分の中に認識を形創ること。情報をインプットして、世の中から求められている自分を創る行為である。

一方のエクス・フォメーションとは、自分の内にある認識を、外へ形創っていくこと。情報をアウトプットして、自分が求めている世の中を創っていく行為だ。

知識創造をするためには、エクス・フォメーションが欠かせない。本から得たことを外に発信するには、自分自身が思考を整理しなくてはならないからだ。また、発信すれば、意見や感想などのフィードバックが得られ、自分の思考を深めることができる。その過程を踏むことが知識創造につながるのだ。

人に語るということは、まさにそのエクス・フォメーションに他ならない。

一人でエクス・フォメーションをする方法としては、ブログやSNS、メールマガジンなどが挙げられる。これらを使って世界に発信していき、世の中に意見を問うことも、知識創造につながるけれども、実際には、読んだ相手から自分の知識創造につながるようなフィードバックが得られることはあまりない。

しかし、読書会なら、自分が見解を述べたことに対して、他の人から自分が考えてもいなかった意見や感想を聞くことができ、思考をさらに深めることができる。そして、ブログなどとは違って、目の前に相手がいるので、「あとで読もう」「あとで答えよう」などと保留することができず、すぐに直接相手と対話をすることになるため、エクス・フォメーションが活性化される。

このように、本を紐帯とした良質なコミュニケーションを積み重ねることで、自分独自の視点が醸成され、イノベーティブなアイデアや知識を生み出せるようになるわけだ。

なるべく自分とは違う分野、関係のない分野と交わる

そうした意味で、知識創造型の読書会は、なるべく、自分と属性が異なる人

と行なうべきだろう。それだけ多様な視点を得ることができるからだ。

たとえば、世代の異なる人。年上の人からは人生経験に裏打ちされた意見が聞けるし、人生経験そのものも聞けるだろう。人生の先輩が歩んだ歴史をじっくり聞くチャンスは、読書会のような機会がないと、なかなか得られないものだ。戦争体験や学生紛争といった、いきなり聞くにはややヘビーな話でも、「学生紛争についての本を読んだのですが、実際どうだったのですか？」と本を媒介にすることで、尋ねやすくなる。

また、年上の人は、倫理観に基づいた意見も述べてくれる。世の中には倫理観が欠如した大人もたくさんいるけれど、読書会に来るような人は、本来の大人の役割を果たすような、倫理観の持ち主が少なくない。

一方、年下の人の話からは、今の若い世代の考え方が垣間《かいま》見えて、大いに勉強になるはずだ。「なぜ、大して特徴のないような読者モデルが人気なのか」「本当に車に興味がないのか」「なぜ話し方の本に興味があるのか」……。会社では年下の社員、家では思春期の息子や娘とのコミュニケーションがうまくいっていない人でも、こういう場に来ると、素直に話を聞けたり、質問できたりするものである。

また、自分と専門分野が異なる人と一つのテーマについて話をすれば、その人の専門分野の知識を得るきっかけにもなる。たとえば、ビジネスモデルに関する本を、商社に勤める人、医療機器メーカーの人、家電量販店で働く人、出版社で働く人などと一緒に読めば、まったく違う観点からの話が飛び出してくることだろう。たかだか一～二時間話しただけで、さまざまな生きた知識を得ることができ、知識を創造する欲求をかきたてられるに違いない。

もう一つ、読書会のメリットとして、「ソーシャルプレッシャー」を受けられるということが挙げられる。ソーシャルプレッシャーとは、「この人ができるなら、自分もできるかもしれない」「みんなが変わっているのだから、自分も変わらなきゃいけないのでは」などと自らの行動を変容させるきっかけになる、他人からの影響のことだ。

人は、お金などの「パーソナルインセンティブ」によって動くと思われがちだが、実際にはソーシャルプレッシャーの影響を受けやすいと言われている。

そのソーシャルプレッシャーを最も強く受けるのは、意識の高い人がいる場に自分の身を置いたとき。読書会はまさに、意識の高い人と直接話し合える場だ。

そうした人と会話を交わすことで、自分も同じように意識が高くなり、「自分も行動に移そう」「自分にだって何かできるはずだ」と思えてくる。たとえば、起業家だらけの会に行くと、ビジネスパーソンの人も「自分も会社を起こしてみようかな!」という気になるし、ボランティア活動に励んでいる人たちと話をすれば、「自分も早朝の掃除会に参加してみようかな」という気になるものだ。

また、人は同じ場所にずっといると、だんだんと他の世界のことがわからなくなってくる。たとえば同じ会社に長く勤めていると、だんだんと外のことが見えなくなってくるように。それを防ぐには、会社とは別のキャリア、すなわちパラレルキャリアを持ち、違うアイデンティティを自分の中に取り込むことが重要である。読書会に参加し、ソーシャルプレッシャーを受けることは、その第一歩となるわけだ。

また、外部と遮断された環境に置かれ、じっくりと考える時間が持てることも、現代において、読書会の大きな存在意義となっている。

一冊の本を媒介にして良質な知識を生み出すには、ある程度の時間、集中して考えることが大切だ。「一日中、部屋にこもって読書」とまでいかなくても、二〜三時間は確保したいところだが、近頃はそういう時間さえ取りにくくなっている。

単純に忙しいこともあるが、絶え間なく届くメールやLINEのメッセージや、誰かがアップしているツイッターやフェイスブックの投稿などをついついチェックするあまり、じっくり腰を据えて物事を考えることを忘れてしまっている人も少なくない。「そんなのチェックしなければいいじゃないか」という話ではあるのだが、人間、習慣化したことはなかなか変えられないからね。

しかし、読書会に参加すれば、半ば強制的に、二〜三時間にわたって、一冊の本に関して思索を重ねる時間が持てる。良質な知識が生み出される過程に自分をしっかりと慣らす良いきっかけになるわけだ。

本を事前に読まない

読書会に参加するには、既存の会に参加するか、自分で開催するかのどちらかになるが、最初のうちは、どこかの会に参加させてもらうのがいいだろう。

私が主宰しているリード・フォー・アクション読書会は、二〇一一年に発足して以来、着実に広がっていき、今や全国で開催され、年間一万人以上が参加。主にビジネス書をテーマ図書にしている会が多い。

いくつか挙げてみると、たとえば次のような会が開催されている。

「有名企業を勝手にコンサル　勝手に『ビジネスモデル・ジェネレーション』読書会&実践会」

「半日でエキスパートに成る『伝説のコピーライティング実践バイブル』読破会」

「スイーツ読書会　『7つの習慣』」

「『売れる文章術』で本当に売れちゃう会」

「二時間半で学ぶ！『こうして、思考は現実になる』読書会」

「100年時代の人生戦略『LIFE　SHIFT』読書会」


これらのリード・フォー・アクション読書会の大きな特徴は、なんといっても、事前に課題図書を読まなくてもいいことだ。

読書会というと、「本を読み込んでから自分の意見をまとめて参加するもの」というイメージがあると思う。そうして、意見を交換したり、読後感を分かちあったりして、より深く一冊の本を味わっていくわけだけど、それって、読書会ビギナーにとっては、すごくハードルが高いことだ。何か意見を求められて、しどろもどろになる姿を想像するだけで、ゾッとする人もいると思う。

それに対し、リード・フォー・アクション読書会は、ファシリテーターという進行役のナビゲートのもと、皆で一冊の本を読んでいくというスタイルをとっている。だから、本を事前に読まなくてもまったく問題ないのだ。当然ながら、意見をまとめていく必要もない。そのため、初心者でも、気楽に参加することができる。

参加者同士が本を読むときには、同じテーブルの人と意見交換をしながら読む。もっとも、討論するのではなく、あくまでダイアログ（対話）をする。本の知識を競い合ったり、互いに論破し合ったりということはまったくない。

三時間で一〇〇〇ページの本を読む方法

実際どのようなものなのか、『シナリオ・プランニング』（英治出版）という本の読書会を例に、説明しよう。

この本は、新事業や新商品、地域活性化プランなどの「未来のシナリオ」を組み立てる方法について書かれた本だ。著者はコンサルタントのウッディー・ウェイド氏。Ｂ５判・二〇〇ページ超の本で、厚さも十分にあり、読み応えがある。

参加者は、一テーブル四〜五人のグループに分かれ、そのグループのメンバーと協力し合いながら、本を読んでいく。具体的には、「この読書会が終わったあと、どんな目的を達成していたいか」をメンバーの前で発表したうえで、「数分読んで、その内容についてグループのメンバーと話し合う」ことを繰り返す。

「監訳者のまえがきを三分間で読む」
「目次とまえがきと奥付を三分間で見て、全体像をつかむ」
「目次から気になるキーワードを四分間で抜き出す」

「二〇ページごとに本を開き、キーワードを抜き出す」

ファシリテーターは、順を追って、こうした指示を出してくれる。その指示にしたがって、少しずつ読み進めては、その内容について同じテーブルのメンバーと話すことを繰り返していくのだ。

このように、読む時間は短いが、メンバーたちの話を聞くうちに、本の全体像がつかめてくる。同じ本を読んでいても、注目している部分が、一人ひとり違うからだ。たとえば、「目次から気になるキーワードを抜き出す」ときには、それぞれが異なるキーワードを抜き出してくる。『シナリオ・プランニング』で言えば、「大事なのは課題設定と情報収集」「ドライビング・フォース」「シナリオとストーリー」といったキーワードが出てくるだろう。それらが何を意味するか、四～五人のメンバーに話を聞けば、本の全体像がつかめてくる。

相手の話を聞くときには、基本的に反論や質問をすることなく、ニコニコしながらひたすら聞き役に徹する。だから、話し手は非常に話しやすい。

話し手は話し手で、話す前にどのように話そうか、考えをまとめる。その過程を踏むことで、自然と、本の内容に対する理解度が高まっていく。

こうしたプロセスを経たうえで、「自分の目的を達成するための答えを、本の中から探す」作業を六分間行なう。すると、本の内容をざっくりではあるが全体的に把握しているので、答えをスムーズに探し出せるというわけだ。『シナリオ・プランニング』の場合、ここまで来るのに、本を読んだのはわずか二十分程度。

やってみるとわかるのだが、二十分間という短時間では考えられないほど、理解が深まっていることに気づくだろう。それは、もしも同じ二十分間、一人で読んでいたなら、決してたどり着いていないレベルの理解度なのだ。

そうした意味でも、「一人で読む」ことに慣れている人にもぜひ、「みんなで読む」ことにチャレンジしてほしいと思う。たとえば、仕事の課題の解決策を考えているとき、一人で長時間うんうん唸りながら考えても決してたどり着けなかったような論点に、ほんの数分、職場の同僚と立ち話をしただけで到達したという経験はないだろうか。そのようなことが読書会では頻繁《ひんぱん》に起こっているのだ。自分一人の「頭」ではなく、大勢の「頭」を利用することで、私たちはより多くのことを、より深く把握することができる。

最後に、それぞれがグループの中で見つけ出した答えを発表し、この本から得た知見を共有する。そして今日達成できなかった目的を、今後の行動課題にするまでが一連の流れだ。

このように多くの人と手分けしながら本を読むと、たった二〜三時間で、数百ページある分厚い本を読むことができる。たとえば、四〇〇〜五〇〇ページもあり、一年かかっても読み終わらないのではないかと感じさせるほど分厚くて内容も詰まっている『ザ・マーケティング』（ダイヤモンド社）を三時間で読んでしまうほどだ（しかも「基本篇」「実践篇」の二冊を同時に）。

だから、分厚い本をテーマ図書にした読書会は、人気がある。洋書を読む読書会も人気だ。皆の力を借りれば、英語が苦手な人が洋書を読むことだって可能になるからね。

読書を即、行動に結びつける

リード・フォー・アクション読書会の一番のこだわりは、「アクション」という名がついていることからもわかるように、「読書を即、行動に結びつけること」だ。

第1章の冒頭で、知識創造型の読書をするためには三つの原則を実行することが大切だと話したよね。その原則とは、「目的志向型の読書をする」「複数の人と共に読む」、そして、「即、行動に結びつける」だ。

フェイスブックをしている人なら、他人の投稿について「いいね！」をつける機能があるのを知っているよね。皆さんは、どんな投稿に対して、「いいね！」をつけるだろうか。おそらく、ネットの情報をシェアしたものよりも、「こんなところに行った」とか「こんなドジなことをした」といったリアルな体験について、「いいね！」をつけるんじゃないかな。つまりは、リアルな行動にこそコンテンツとしての価値があるというわけだ。

これは、知識創造についても同じことが言える。あらゆる情報がネットを介していつでも手に入るようになった今、得た情報について机の上で考えている程度では、価値のある知識を生み出すことが難しくなった。必要なのは、情報を元にリアルな行動をすることだ。それが伴うことで、初めて、価値の高い知識を創造することができる。

それを踏まえて、リード・フォー・アクション読書会の最後には、必ず「自分の目的を達成すること」「今後の行動につなげること」を目標とし、それを書き出したり発表したりする。だから、読書会が終わってすぐ、

「よし、次は○○をやるぞ！」

と行動に移すことができる。ひいては自分ならではの価値を生み出せるというわけだ。ソーシャルプレッシャーにも後押しされるので、行動に対するモチベーションも続きやすい。

参加費は、会によってまちまちだが、開催場所を借りる費用を考え、一回二○○○～三○○○円くらいのところが多い。なぜ、このようにリーズナブルかというと、教える人が一番学べるから。不足分の費用は自腹を切ってでも、会を開く価値があるからだ。参加者にとっても、この程度の金額なら、気軽に参加できるだろう。

同窓会より読書会――強固な「人脈」を築く

リード・フォー・アクション読書会のメリットは、知識創造ができるだけじゃない。「社外の人的ネットワークがつくれる」こともまた、ビジネスパーソンにとって強力なメリットだ。

最近は、社外の人々とつながり合う「クラウド型のプロジェクト」が増えている。今後は、どれだけ社外の人材をプロジェクトに連れてくることができるかが、仕事の評価を左右する時代になる。どんなにええカッコしいなことを言っていても、人や金を引っ張ってくることができなければ、あなたが生み出す付加価値は「ゼロ」と言っても過言じゃない。

そして、社外ネットワークは、一朝一夕でつくれるようなものではない。実際に必要になるのはずっと先だったとしても、二十代からコツコツつくり上げておくべきだ。

ただ、そうはいっても、異業種交流会の類では、そこに集まる人たちに共通点があまりないという難点がある。そのため、単なる名刺交換会に終わってしまうこともしばしばだ。一緒に何かをするわけでもないので、関係が深まることもない。

それに対し、読書会は、同じ本に興味を持っている人が集まり、「本の内容」という共通の話題があるので、親しくなりやすい。とくにリード・フォー・アクション読書会は、こまめにコミュニケーションをとりながら、協力し合って一冊の本を読んでいくので、「同志」のような感覚になり、親しくなりやすい。また、互いに自分の目標を伝え合うので、その人の人となりがつかみやすい（きっと幕末の志士たちもこうやって志を同じくする仲間を集めていったのだろう）。

こうして一度知り合ったあと、フェイスブックなどのSNSでつながっておけば、より一層親しみが湧き、関係が深まっていくわけだ。

また「社外ネットワークはそこそこ持っているよ」と言う四十代以上の人たちも、歳を取るにつれて、だんだんとネットワークが固定化し、手札がどんどん少なくなっていく。何もしないと、枯渇していく一方だ。

そんなとき、昔の学校の同窓会に行っても、「いかに今の会社で逃げ切るか」とか、「年金は満額もらえるか」とか、枯れた話ばかりに終始するのが関の山。生きのいい人脈が築ける可能性はほぼゼロに等しい。社外ネットワークのメンテナンスをするなら、二〇〇〇〜三〇〇〇円を払って、読書会に行ったほうが、よほど有意義だと思う。

日本企業が失った「社内ネットワーク」を取り戻す

読書会の意義の一つは、「社外ネットワークを築くこと」と述べたが、実は社内ネットワークの構築にも一役買っている。実際に、最近は、「『リード・フォー・アクション読書会』をうちの会社で開催してほしい」という依頼が増えている。

たとえば、あるＩＴ企業では、さまざまな部署のシステムエンジニアを集めて、ビジネス書を課題図書にした読書会を行なった。

狙いは、エンジニア同士のコミュニケーションを図るため。前述したように、リード・フォー・アクション読書会では、参加者同士がグループになり、互いに自分が読んだ本の内容を教え合うことで、その本についての理解を深めていくというプロセスを踏む。

「このキーワードはこういう意味らしいよ」

「僕はこちらのキーワードが気になった」

こんな会話を交わすことで、自然とお互いの距離が縮まるというわけだ。ただ、誰か社員が音頭を取ると、「あいつがやるなら出ない」なんて声が出てくるので、こちらからファシリテーターを派遣し、実施したのだが……。

かつての日本企業においては、いわゆる「飲みニケーション」の場において、社員同士の距離を縮める会話が行なわれてきた。また、会社全体としても、社内運動会や社員旅行など、リラックスした雰囲気の中で交流を図れるような行事があった。

こうしたコミュニケーションには上司や他部署の人とうまくやっていくうえで大きな意味があったと私は考えているが、最近は、上司が若手の部下を誘っても、「それは仕事ですか？」と言われるような時代で、同じ部署の人ですら飲みに誘いにくくなっている。他の部署の人なんてもってのほかだ。

かといって、飲みニケーションに代わるものが出てきているかというと、まったく生まれてきていない。それどころか、企業においてコンプライアンス、パワーハラスメント、セクシャルハラスメントなどの問題が重要視されるようになった結果、本来の目的とは違った形で組織の分断が加速し、横のつながりはますます薄れていく一方だ。

「これではまずい」ということになり、結局、原点回帰ということで、ユニクロを展開するファーストリテイリングやソフトバンクが社内でお酒を飲めるバーをつくったりしているが、こうした例は少数だ。

皮肉にも今では、アメリカ企業のほうが、飲みニケーションに積極的に取り組んでいるようにも感じる（「擦り合わせ」「ＱＣ活動」などの円滑なコミュニケーションは日本の十八番だったはずなのだが）。豪華な研修施設を造り、朝からパンケーキやフルーツで朝食会を開いて、夜になるとお酒が飲めて、ジャズバンドがライブ演奏している、という会社はいくつもある。

「共通言語の不在」がもたらす「コミュニケーションギャップ」

では、飲みニケーションに代わるものとは何か、と言えば、私は「読書会」だと考えている。

社内で読書会をするメリットは、「共通言語」ができるということにある。というのも、意思の疎通がままならない原因は、「共通言語の不在」にあることが非常に多い。

たとえば、「マーケティング」という言葉が何を意味しているのか、お互いの定義が一致していなければ、話はかみ合うはずがない。市場調査だけを取り上げているのか、販促方法について話しているのか、商品を販売するための会社全体の仕組みのことを指しているのか、どのように定義しているかによって、話はまったく変わってくる。定義の違いが一つだけならいいのだが、あれもこれも違うとなると、コミュニケーションをとるのに大変な苦労をすることになる。

最近では、ＩＴ用語がクセモノだ。ＩＴリテラシーの高い今の二十代の言葉がまるで理解できない上司は多いのではないか。正直、私は、プログラマーやシステムエンジニアが言っている話がわからない。「なんとなくこうかな」という想像はできるのだけれど、本当にわかっているかというと、わかっていないと思う。

こういうギャップがある中で、プロジェクトをまとめていくのは、至難の業《わざ》だ。同じ部署内ならまだしも、他部署や他社のメンバーを集めたプロジェクトチームで仕事をするときは、より難易度が上がる。先日、知人の戦略コンサルタントに、

「このような状態の中で、五十代、六十代の大手企業の部長クラスは、どのようにしてプロジェクトをまとめているのか」

と尋ねたのだが、案の定、ポジティブな答えが返ってくることはなかった。

繰り返すが、こうした「共通言語の不在」「ギャップ」を埋めるために一番効果的なのは、「読書会」なのだ。読書会までいかなくても、同じ本を読むだけでも効果はある。

たとえば、新たなマーケティング施策を考えるプロジェクトを部門横断的に進める際に、マーケティングのバイブルと呼ばれるような本を一冊選び、全員が事前に読んだうえでプロジェクトを進めるのだ。こうすれば、お互いに「共通言語」を持った状態でスタートすることができ、議論がズレることもなくなるだろう。

また、あなたが組織を率いる上司で、部下との意思疎通に悩んでいるとしたら、自分の考えと合致しているお勧めの本を一二冊選び、毎月一冊ずつ部下に読ませればいい。どんなに言葉を尽くすよりもよほど早く、自分の考えを浸透させることができる。

こうして、同じ本を読んだ上司と部下との間には、「共通言語」が生まれる。すると、「これは、つまり、あの本に書いてあったあの部分のことだよ」というように、本に書かれている内容をベースにして話すことが可能になり、意思疎通が圧倒的に容易になるわけだ。

一方の部下の側も、上司からお勧めの本を聞き出し、それを読むことで、共通言語を自らつくっていくといい。あるいは、ITに疎《うと》い上司に最新情報が書かれた本を「これ、面白いですよ」などと勧めることで、上司との知識のギャップを埋めることも可能だ。

場合によっては、「社史」を使った読書会を開くのも面白い。

実際に、あるオーナー系企業で、社史を使った読書会を行なったことがある。

目的は、社内の意思の統一を図ることだ。この会社は、初代の社長から二代目が跡をついだのだが、二人の考え方の違いから、社員が初代派と二代目派に分かれ、社内の雰囲気がギクシャクしていた。きっかけは、初代が持つカリスマ性に対抗するために、二代目がロジカルな経営スタイルを持ち込んだことで、これまでの社内文化と新しい文化がぶつかり合ってしまったこと。

オーナー系企業ではよくある話だが、放っておいたら、会社が内部から崩壊してしまう。そこで、その双方の融和を図るために、皆で社史を読む勉強会を開き、創業の原点や会社の強みを確認し合ったというわけだ。「会社の根本の強さは何であり、それをいかにして未来に引き継いでいくか」を話し合わなければ、会社は存続できない。社史の読書会は、そうした話し合いの場を持つための契機となりうる。

このように、リード・フォー・アクション読書会には、社員同士のコミュニケーションを深め、雰囲気を改善する効果がある。もしあなたの会社の雰囲気が少々ギクシャクしているようなら、読書会を開いてみるというのも一つの手だ。

なぜ、ネットの「つながり」は人を動かさないのか

リード・フォー・アクション読書会に限らず、読書会の輪は急速に広がっているが、その背景には、今の時代ならではの理由もある。それは、ネットとリアルのバランスをとる「場」という、新たな存在意義が生まれているからだ。ビッグデータを分析し、人間の行動様式を明らかにしたアレックス・ペントランドの『ソーシャル物理学』（草思社）という書籍には、ある興味深い事例が載っている。

選挙のとき、ネット上で友人に呼びかけられて投票に行った人の数と、友人の何人かが投票に出かけたと直接聞いて投票に行った人の数とを比べると、後者のほうが四倍も多かったそうだ。つまり、オンラインだけの働きかけでは、自分を変える行動にはつながりにくい。本当に自分の行動を変えるのは、リアルな交流だというわけだ。

最近、アメリカでは、何らかのトピックに関するリアルな集会「Ｍｅｅｔｕｐ」が増えていて、その数は、毎日何万件にも上っているそうだ。ＳＮＳなどオンライン上で気軽に連絡が取り合える時代にもかかわらず、このような会が増えている背景には、人々が「オンラインだけでは限界がある。リアルな場で会わなければ、何も生まれない」ということに、うすうす気づき始めているからだろう。

もともと、リアルな集会は、社会に対して影響力を持つ「社会ムーブメントメディア」としての位置を占めていたが、ネット時代の今も、それは変わらないというわけだ。

そして、読書会もまた、ネット時代においても、「社会ムーブメントメディア」としての注目度が高まっている。

先日、ハーバード大学教育大学院のロバート・キーガン教授と食事をする機会があったのだが、「リード・フォー・アクション読書会」の話をしたところ、「ハーバードの『ＭＯＯＣｓ』とつなげたら面白いのではないか」、というアイデアをもらった。「ＭＯＯＣｓ」とは、ハーバード大学などで行なわれている、すべての授業をネットで見られるシステムのこと。ハーバードの最新鋭の授業と、読書会を融合させることで、新たな時代の学びが得られるのではないか、というわけだ。

今後は、このように、読書会とネットを融合した試みが世界中でたくさん出てくることが予想される。ぜひアンテナを張っておくことを勧める。

参加者のままか、ファシリテーターとなるか

「知識創造の読書」については、すでに話してきたが、ここまで来たら、ぜひもう一段階先に進んでもらいたい。

それは、一参加者として読書会に参加するだけでなく、自らが会の主宰者となることだ。

すでにお話ししたように、私たちが行なっているリード・フォー・アクショ

ン読書会では、会を取り仕切り、皆で本を読み進めるためのナビゲーションをする人のことを、「リーディング・ファシリテーター」と呼ぶ。

たとえば、壇上で、

「次は目次だけ読んでいきましょう」

「本から見つけたキーワードを付箋に書き出したあと、グループで話し合ってみてください」

というように、参加者に読書の手ほどきをしていくわけだが、ファシリテーターの役目はそれだけではない。会の主宰者となり、企画や運営を手がけることも、重要な役割だ。

「そんなこと言われても、どのように仕切ればいいのかわからない」と言う人も多いだろう。でも心配ご無用。ファシリテーションに関しては、メソッドを体系化しているので、養成講座を受講すれば、今まで会を仕切った経験のない人でも行なえるようになる。

ただ、会を自ら主宰するとなると、自分で良いと思う本を選び、会場を予約し、人を集め……といったことも行なわなければならない。当然、さまざまな苦労を味わうことになり、一参加者のままのほうがよほど気楽だ。

しかし、苦労は買ってでもしろ、というのは本当だ。実際に取り組んでみると、一つの事業を立ち上げるような、多岐にわたる体験を一気に積めることになる。

本の力を借りて「自らのコミュニティ」を創造する

読書会の第一のメリットは、なんといっても、知識創造がしやすくなることだ。同じ本の読書会を継続して行なっていると、そのつど、さまざまな人の発想や視点が得られることになる。すると、その本の内容に関する思索は重層的に深まっていく。そうして、あなたならではの知識創造が生まれる土壌ができてくるわけだ。

それに加え、第二のメリットは、「自分のコミュニティがつくれる」こと。これもまた、今のビジネスパーソンにとっては必須とも言えるものだ。前述したが、今のビジネスにおいて最も重要なのは「社外のネットワーク」である。

ただ、もしあなたが、「こんなプロジェクトをやってみたい」「勉強会をするから参加して」といった呼びかけをしたとしても、よほど知名度がない限り、集まってくれるのはせいぜい仲の良い友人くらいではないだろうか。

しかし読書会であれば、課題図書に挙げた本が、その人にとって魅力的なものであるならば、たとえ主宰者が無名でも、参加してくれることもあるだろう。ちょっと意地悪な言葉で言えば、「本や著者の威光を借りる」ということだ。

そして、そうして集まった人は、たいがい似たような感性や志を持っているものだ。そんな同志が集まるきっかけになるのだから、参加者も主宰者も、互いにメリットが得られる。

つまり、本の力によって、自分のコミュニティをスムーズに立ち上げられるというわけだ。

同じ本の読書会を継続して行なっていると、その本の知識では誰にも負けないくらいになる。すると、周囲からは「この本に関する第一人者」と見てもらえるようになり、「この本の読書会なら、○○さんにファシリテーターをしてもらおう」とお呼びがかかるようになるのだ。

こうして知名度が上がれば、他の本の読書会をしても人が集まるようになる。威光を借りていたつもりが、いつのまにか自分の力で人を呼べるようになるわけだ。

実際、ファシリテーターをすることで急速に自分の地位を確立した人は枚挙に暇《いとま》がない。

松岡亜樹さんは、その代表例だ。外資系ブランドの研修トレーナーとして働いていた彼女は、二〇一二年に、リード・フォー・アクション読書会に参加した。すると、その魅力に取りつかれ、リーディング・ファシリテーターとなって、六本木ヒルズで働いている人を対象に読書会を行なう「ツンドクブ」を立ち上げた。ツンドクブというのは、読まずに積んでしまった本を一時間で読む部活という意味だ。

早朝やアフター5に読書会を行なっていると、徐々に口コミで広がり、参加者が少しずつ増えていった。数年間で、参加した人数は総勢三〇〇人。読書会を始めてから、社外人脈は飛躍的に広がったと言える。さらに、朝日新聞社メディアラボとコラボレーションをして読書会を行なうなど、活動の幅を広げている。

「本物が来て、読書会をやってくれますよ」

また、ソニーに勤めていた木村祥子さんも、興味深い事例だ。

『ビジネスモデル・ジェネレーション』（翔泳社）というビジネス書が日本で

もヒットしたが、木村さんは、この本がまだ翻訳されていない二〇一一年に、原書のリード・フォー・アクション読書会を開催していた。すると、二〇一二年二月に日本語版が出ると、たちまち「『ビジネスモデル・ジェネレーション』のことなら木村さん」という評判が広がり、北海道から沖縄まで全国各地で読書会の開催をお願いされるようになったのだ。

この本の著者が来日したときに、著者から「これから『ビジネスモデル・ジェネレーション』の本物が来て、読書会をやってくれますよ」と紹介されたくらいで、もはや日本における代表的なユーザーになった（木村さんは著者から「本物」と絶賛されるほどの存在になっていたのだ）。かつての日本では、洋書を翻訳した大学教授はその分野で権威のように見られていたが、それと同じ図式は今でもある。洋書はセルフブランディングをしやすいのだ。

こうして自分の新たな可能性に気づいた木村さんは、二〇一二年に独立した。『ビジネスモデル・ジェネレーション』だけでなく、『シナリオ・プランニング』などの読書会のファシリテーターを務め、総動員数は延べ三五〇〇人に達している。さらに、そこから派生して、セミナー講師やＮＬＰを活用したビジネスコーチング、東北の被災地の支援、書籍『ビジネスモデルＹＯＵ』（翔泳社）の出版協力など、さまざまな方面で活躍している。

自分の場を持つことで、彼女たちの社外ネットワークは爆発的に広がっていった。これだけの場ができれば、勝手に人が寄ってくるようになるものだ。今の彼女たちなら、どんな仕事を頼まれても、ネットワークを駆使して、何とかしてしまうだろう。

自分のコミュニティを持つということは、それだけ強力な武器なのだ。コミュニティは、「個」が際立っていないと、魅力的なものにはならない。その「個」を一から育てるのは大変だが、本の力を借りることで、すさまじいスピードで磨き上げることができる。彼女たちを見れば、そのことがよくおわかりいただけるだろう。

時代が求める「エンパシー」を身につける

読書会を主宰することで成長し、今ではその道の専門家と呼ばれているような人は、私の周りにはたくさんいる。

しかし、木村さんをはじめ、その人たちの多くは、何かの勉強会を開いたことのなかった人ばかりだ。最初は人前で話すことすら苦手だった人もたくさんいる。それでも回を重ねるごとにスキルが磨かれ、度胸がついていったのだ。

このように、会の運営や進行を通して、自分を大きく成長させることができるのも、読書会を主宰する大きなメリットだ。場づくりの中核になるトレーニングをみっちりと積むことができる。時代の変革期に多くのリーダーが育ったのは、読書会でリーダーシップの訓練を積んでいたことと無関係ではないだろう。

たとえ参加者が数人だったとしても、読書会を運営し、進行することは、相当、負荷のかかる行為だ。「どんな読書会をすれば、参加してもらえるだろうか」と企画を立て、「どのように進行すれば、本の内容を理解しやすいか」と進行方法を改良していく。当日は、大勢の参加者の前に立ち、自分の言いたいことをわかりやすく、端的に伝える必要もある。質問に対して臨機応変に答える必要も出てくるだろう。最初のうちは、緊張の連続だ。

しかし、場数を踏むことで、自分でも驚くほど肝が据わってくる。大勢の前で話すことに不慣れだった人でも普通に話せるようになるし、場を仕切るのも上手になる。

また、こちらの言うことにしたがってもらうには、初対面の人から短時間で信頼を得る必要があるが、そのための立ち居振る舞いも自然と身についていく。企画の立案から収支のチェックまで、トータルの流れを経験することで、プロデューサーとしての能力も上がるだろう。

人前で堂々と話せて、場を仕切ることができ、すぐに信頼を勝ち取ることができ、企画もできる。こうした読書会で得られるものは、まさに、会社で求められるリーダーの能力に他ならない。

とくに近年は、部門横断プロジェクトや、複数の会社からメンバーを集めたプロジェクトが増え、文化の異なる外国人スタッフとチームを組むケースも多くなっている。たとえば、ＩＴシステムを構築するプロジェクトマネジャーは、ソフトウェアやシステムの開発を、何カ国かのスタッフを従えて行なったり、時差の違う国の会社に頼んだりすることも珍しくない。そうしたプロジェクトを仕切るリーダーは、今、どんなビジネスでも必要とされている。

しかし、今、多くの企業がそういう人材の不足に悩んでいる。というのも、かつては、企業の平均年齢が若く、三十代にもなれば何らかの役職についてリーダーとして活動することができた。ところが、今では年齢構成が上がり、役職者ばかりが増えてしまった結果、若手がなかなかリーダーの経験を積めなくなっているという問題があちこちの企業で発生している。四十歳を超えてもいまだ平社員のまま、という人も少なくない。

このような状況で、会社の中でリーダーとしてのスキルを磨けというのは、そもそも無理がある。仕切るどころか、人前で話すのも不安という人は少なくない。

ならば、外部でそのスキルを磨くしかない。そして、そのために最適なのが、まさに「リーディング・ファシリテーター」なのだ。

少しぐらい失敗したとしても、会社に損害を与えるわけでもなく、自らにとって貴重な経験になる。

一方、「今回はうまくできた！」という経験を積めれば、ぐんとセルフイメージが高まる。すると、自分に自信を持てるだけでなく、今まで閉じていたマインドが外に対して開かれていき、「自分の読書会に集まってくれる参加者をどう喜ばせようか？」などと他者に目が向き始める。そして、「この人は何に喜びを感じているのか」「逆に何が不安なのか」と参加者の気持ちを感じ取ろうと努めるようになるのだ。

こうしたエンパシー、共感能力こそが、実はファシリテーターにとって最も必要な能力である。この能力が磨かれてくれれば、あなたの会には、より一層、人が集まってくるし、集合的知性も引き出せるだろう。

リーダーになるための四つのステップ

読書会を通じて、参加者が知識創造社会で活躍するリーダーとして成長していく過程をまとめると、次のようなステップを踏むことになる。

第一段階は、「イン・フォメーション」。さまざまな世代や背景の人が集う中、お互いを知り合うために、本を通じて対話を開始する段階だ。お互いの関心事項を聞くうちに、本の内容も理解していく。

第二段階は、「インター・フォメーション」。前段階で得られた知識を交差させたり、互いに質問をし合うことで、本の理解を深めていく。

こうして本から得た情報を発信していく第三段階が、「エクス・フォメーション」だ。受け売りの情報を右から左に流すのではなく、自分なりに解釈し、オリジナルの知識を創造して、外へと発信していく。そうすることで、本から得た知識が自分の血肉になるし、周囲の人からの反応も得られるようになる。

そして、最終の第四段階は「トランス・フォメーション」。リーダーへと変革していく段階だ。エクス・フォメーションを継続的に行なっていると、あなたの意見に共鳴した人々が周囲に集まってきて、コミュニティを形成できるようになる。こうしたコミュニティを持つリーダー同士はつながり合い、社会的問題を解決していくための知識を創造して、行動に移していく。こうしたムーブメントが、社会を変革していくわけだ。

皆さんもぜひ、トランス・フォメーションの段階を目指してほしい。そこには、あなたの知らない世界が広がっている。

あらゆるニーズに応える「場」
――リード・フォー・アクション読書会の可能性

これまで、「リード・フォー・アクション読書会」をビジネスに生かすという観点で話を進めてきたけれど、何もビジネスに限定することはない。どんな本だって、リード・フォー・アクションのスタイルで読書会を開くことは可能だ。実際に、次のようなテーマの読書会がすでに催されている。

▽「テラ（Ｔｅｒｒａ）・リーディング　〜お寺で安らぎ読書会」

長野県の陽泰寺《ようたいじ》で行なわれた、「安らぎ体験」をテーマにした読書会。眠りや健康、禅、ヨーガ、宗教など、「安らぎ」に関する自分の読みたい本を持ち寄って、仏様にお参りしてから、ファシリテーターの指示にしたがって本を読む。

▽「子育てから学ぶコミュニケーション　読書会」

子育て関連の本を読む読書会。ある回では、『今日から怒らないママになれる本！　子育てがハッピーになる魔法のコーチング』（学陽書房）を課題図書にして、皆で読み合った。読書をしたあとは、ケーキでティータイム。

▽「対話で感じる読書会　〜古事記ものがたり〜」

奈良の郷土資料館などで当時の雰囲気に思いをはせながら、『古事記』を読む読書会。

▽「子連れ読書会」

赤ちゃんや幼児と同伴で参加可能な読書会。本を読んでいる間、スタッフが子どもたちと遊んでくれる。買ったけど読んでいない本を持ってきてもいいし、手ぶらで参加して現地で借りてもＯＫ。

▽「親子で１００倍元気になる！　イクメン&子供のための読書会」

一〇人のパパが本を持ち寄り、そこから得た一〇個のアイデアやヒントを共有し一〇人分の元気を持ち帰ろうという読書会。イクメンに役立ちそうな本を持参して読む。子どもと楽しむワークも。

リード・フォー・アクション読書会は、二〇一一年に立ち上げたのだが、まだ実現していないアイデアがたくさんある。たとえば「小説を読んでから、その舞台となった地を訪れよう」とか「ワインの本を読んでからワインを飲みにいこう」といった読書会は、十分ありそうだ。

最近は、地元に何か還元したいという定年退職者が増えているから、そうした人たちがファシリテーターとなり、それぞれの専門分野で読書会を開くことも増えるだろう。現在、国としても「地方創生」が喫緊《きっきん》の課題となっており、そういった人たちの活動の重要性はますます高まっていくだろう。

また、図書館とコラボレーションをすることも増えそうだ。二〇一四年に、東京・墨田区立ひきふね図書館とコラボレーションして初めて行なったのが、「積ん読解消！　読書会」。自宅に積ん読状態で置いてある本を一冊持ってきて、その場で読んでしまいましょう、という趣旨で行なったのだが、フタを開けてみると、これが大盛況。定員二〇人のところ、四〇人くらい集まり、ワイワイと本を読み合った。このときの参加者は、六十代が三〇％。七十代のおばあちゃんも何人もいて、幅広い層に楽しんでいただけた。このときには自宅にある積ん読状態の本が対象だったが、図書館にはたくさんの本があるし、これをうまく活用すれば、新しい形の読書会が開けるだろう。

「リード・フォー・アクション」のホームページに開催情報が載っているので、機会があればぜひ、参加してみてほしい。

「読書は一人で行なうもの」という殻を一度、破ってほしい。その先にはより新しい読書の可能性が広がっているはずだ。

第3章

アクションが変革を生む

複雑な課題を大人数でやっつける時代へ

自分のためだけに使うのはもったいない！

第1章と第2章でご説明した「目的志向型の読書をすること」と「複数の人と共に読むこと」。そうして得た知識を「即、行動に結びつけること」――そうした行動を心がければ、これからの時代に必要な知識創造ができるようになるだろう。

さらに自らがリーディング・ファシリテーターとなって、リード・フォー・アクション読書会を開催するようになれば、リーダーとしての能力も磨かれる。たとえ数人程度の小規模な会だとしても、参加者を導き、集団知性を引き出す力は確実に向上する。「少人数であること」と「大人数であること」との違いに比べ、「数人でもやること」と「何にもアクションを起こさないこと」との違いは大きいと肝に銘じてほしい。

さて、あなたは、「目的志向型の読書」「複数の人と共に読むこと」で身につけた力、そして、リーダーとしての能力を、現実社会に対してどのように使いたいと考えているだろうか。


「今の仕事のため？」

「自分の能力を向上させて新たな人生を切り拓くため？」


もちろん、それは当然だよね。

しかし、もし、その能力を自分のためだけに使おうと考えているとしたら、それはちょっともったいない。

読書会、とりわけリード・フォー・アクションで身につけ、磨かれた能力を生かし、序章で話したような「バカ」となれば、あなたは、これまでは考えもつかなかったような、どデカいことを成し遂げてしまえる可能性がある。はっきり言って、世界を変えることだってできる。

「またまた……。神田さんはいつも大げさなんだから！」

なんて言われてしまうかもしれないが、私はかなり本気だ。これから十年も経てば明らかになると思うのだが、私は、世界を大きく変えるような功績を残した人が、実はリード・フォー・アクション読書会から巣立っていった――ということが、高い確率で起こると思っている。

この章では、その理由について、じっくり話していこうと思う。

世界が変わる！　一〇億人を巻き込む「一〇〇％ＭＡＤ」プロジェクト

まずは、あなたの発想を刺激するために、ある世界的プロジェクトの話から始めたい。

そのプロジェクトとは「一〇〇％ＭＡＤ」。

ドバイ発のグローバルプロジェクトだ。

「ＭＡＤ」というのは、「ぶっ飛んだ」「狂った」という意味。なんで「ぶっ飛んだ」なんて名前がついているかって？　それは、途方もなく目標がでかいからだ。スティーブ・ジョブズ風に言えば、まさに「Stay foolish」な感じのプロジェクトだ。

このプロジェクトは何をするイベントなのか。

一言で言えば、全世界に散らばる一〇億人もの人々から一ドルずつを寄付してもらい、一〇〇〇億円を集めることだ。しかも、一日二十四時間のうちに。そして、なんと一人からは一ドル以上のお金をもらわないという条件さえついている！　まさしく「ＭＡＤ」なプロジェクトだ。

さらにＭＡＤなのは、集まったお金から、経費などの間接費用を、一切、引くことなく、信頼のおける非営利団体に一〇〇％寄付するという点。そして、世界のさまざまな難問のうち、一年以内に一〇〇％の結果が見えるプロジェクトに絞って提供していく。

常識のある人なら、こう考えるだろう。

「こんなことは、ありえない」ってね。

「一〇億人といったら全世界の人口の七分の一に当たる人数。そんな膨大な人数から、一ドルとはいえ、お金を出してもらおうだなんて、現実的じゃない」

こう言って、バカなことをやろうとする人を批判するに違いない。

確かに昔だったら、こんなＭＡＤなことは不可能だったかもしれないね。しかし、世の中の大きな変化によって、このプロジェクトが成り立つ条件は揃ってきている。

「できっこない」ことが実現する理由

一つは、携帯電話が普及したことだ。

数年前に、世界の携帯電話の契約台数は、全世界の人口を超えたというデータもある。つまり、世界の人口に対する普及率は一〇〇%を突破しているのだ。もちろん、一人で二台、三台と持っている人も少なくないから、本当に全員に普及したわけじゃないけれど、端末や通信料金がどんどん低価格になる現状から考えたら、あと数年のうちに、路上で働く途上国の少年が携帯電話を持つようになっても、何ら不思議はない。

このように、世界中の誰もが持つ携帯電話を使えば、一ドル相当の価値の転送が効率的にできるようになる。たとえば、スマートフォンのアプリのボタンを「ポチッ」と押すだけで、一瞬にして一ドルの寄付が完了する。世界中に散らばっている一〇億人でも、スマートフォンさえ持っていれば、どこからでも寄付ができるわけだ。

もう一つの変化は、中間層の拡大だ。

かつては、中間層、つまり資本家と労働者の間にいる管理職などの「ホワイトカラー」といえば、先進国にいるのが常だったが、今では、中国やインド、ブラジルなど、世界各地の中進国でも当たり前のように増えてきた。二〇〇五年の時点で、世界の全人口に占める中間層の割合は約二五％、人数にして一六億人超と言われている。要するに、一〇億人以上は、一ドルを寄付する余裕のある人がいるというわけだ。

二〇三〇年には、世界の人口のうち、六六％が中間層になると予想されている。この頃には、世界の人口は八五億人と予想されているから、計算すれば、約五六億人が中間層になっているということになる。つまりは、あと十年で寄付できる人の割合のほうが増えることになるというわけだ。

二〇三〇年を待たなくても、二〇二〇年現在でも「やろう」とさえ決断すれば、今すぐにでも、一〇億人から一〇〇〇億円を集めることは可能なのだが、現時点では誰も成し遂げていない。

なぜなら、皆が「こんなこと、できっこない」と考えて、アクションを起こそうとしていないからだ。

しかし、そんなことを意に介さないマッドでクレイジーな人たちが、実際にやってみせれば、世界に強烈なインパクトを与えることができ、慈善事業の形は大きく様変わりする。

今までは持てる者が持たざる者に対して、シャンパンパーティーを開くことで、お金を提供する、という図式があったが、これからは、ごく普通に暮らしている中間層たちが、コーヒーを飲みながら、そのコーヒー代の中から一ドルを慈善事業に提供する、といった形に変わるに違いない。これが「一〇〇％MAD」の狙いだ。

創造の種子が、綿毛にのって世界に広がる

「一〇〇％MAD」が成功すれば、同じような方法を使った慈善事業が、全世界で行なわれるようになるはずだ。

たとえば、レディー・ガガのような世界的なアーティストが、「三、二、一

で『寄付』のボタンを押してね！」と言った瞬間に、世界各地の人々が、スマートフォンの画面の「寄付」ボタンを押す、といったことが起こり始めるだろう。

昔は、権力を握った者が核爆弾のボタンを持ったが、今では、世界の人々が「救いのボタン」を押すことで、一〇〇〇億円の「地球を救う爆弾」が一瞬にして落とされるわけだ。一〇〇〇億円までいかなくても、数億円も集まれば、貧困地区を飢餓から救うことができる。そうすれば、一つの戦争を終わらせるくらいのインパクトをもたらすことも可能だろう。

携帯電話のネットワークを使って、世界の「誰か」が「誰か」のために直接少額の暗号通貨を寄付するということも出てくるだろう。たとえば、アフリカでマラリアにかかってしまったお母さんが、病院に行けなくて困っているときに、世界の誰かがそのお母さんのために一〇〇円ずつ寄付する。そのお母さんは、携帯電話を持ってNPOの拠点に行けば、治療が受けられるといった具合だ。

携帯電話を通して、世界の人々が一つにつながることで、人類の意識と可能性は急速に次のステージへと向かっている。私は、二〇六七年には世界の貧困が解消されると予想しているが、そのシナリオが現実のものとなろうとしているのだ。

「国」には何も変えられない

なぜ、「一〇〇%MAD」の話をしたかというと、今後、世界が進化できるかどうかは、「一〇〇%MAD」のような、国の枠を超えた民間のプロジェクトにかかっているということを知っておいてほしかったからだ。もはや現実は、国の動きをはるかに超えている。

従来の社会では、世の中を動かす主体は「国」だった。経済の方向性も通貨もインフラも、すべては政府が先導してきたし、世界的にも国家レベルの交渉によって、さまざまなルールが決められ、物事が進んできた（交渉の一つの手段でもある「戦争」についても開戦するか否かは国が判断し、決定してきた）。国があることで一応は国内が安定し、世界の秩序もある程度守られてきたわけだね。

ところが、このような「国」をベースにした世界の枠組みは、今や機能不全に陥ってしまっている。ヨーロッパもアジアも中東もアフリカも、国と国はいがみ合うばかりで、国内の安定さえままならない。

たとえば、ロシアを中心としたウクライナ問題。香港の民主化デモ。イスラム国の問題……。日本を見ても、中国や韓国などの近隣諸国とは、尖閣諸島や竹島などの領土問題、歴史認識の問題などで関係が悪化する一方だ。ＥＵのような経済共同体も生まれはしたが、英国が国民投票の結果、ＥＵから離脱した。

その根底にあるのは、どの国も、自国の国益を第一に考えて主張し、行動するという事実であり、それがある以上、すべてがうまくいくシナリオはありえない。国があることで儲かるのは軍事産業だけじゃないかと、ふと考え込んでしまうほどだ。

このように「国」という視点で見ると、分裂しつつある世界だが、現実には、その分裂した下では、活発にビジネスパーソンの交流が加速している。たとえば、国同士が争っているように見える日本と中国だが、ビジネスをきっかけとした友情は、水面下で大きく動き始めている。

リアルな話なので卑近な例を挙げさせていただくと、フォトリーディングだ。二〇一六年九月に、中国でもフォトリーディングが紹介されたとたん、ブログへのアクセスが殺到。二週間で一〇〇万閲覧を超えて、半年後には一五〇〇万閲覧を記録。講座も開催され始めたが、一万元（日本円にして一五万円超！）の講座に、二十代・三十代の女性を中心に、一〇〇〇人超が参加し、一年後まで満員御礼の状態となった。

フォトリーディングを中国で展開するのは、「行動派」という深圳《しんせん》に本社を持つベンチャー企業だ。経営者は三十代そこそこの、中国人女性。彼女らと仕事をする際には、チャット上で英語、中国語、日本語が飛び交っており、もはや国籍や言語の違いなど、ほとんど意に介さない。

また中国の出版界では、今、日本文化ブーム。なんと中国ネット書籍販売最大手の、二〇一七年七月のベストセラー総合ランキングで、第一位は、太宰治の『人間失格』。第二位は、東野圭吾の『ナミヤ雑貨店の奇蹟』。直近の二〇一九年十一月でも、第六位に『白夜行』、第九位に『ナミヤ雑貨店の奇蹟』と、東野圭吾の本が二冊もトップテン入り。第一三位には、新海誠の話題作『天気の子』が登場した。このように国が分裂する裏では、草の根の交流は、もはや当たり前のものとして、力強く育ち続けている。

国の都合に振り回されてはいけないのは、この二〇二〇年までの時期は、日本にとって歴史的に重要な節目でもあるからだ。

他の本でも述べているが、私は、日本の歴史はだいたい七十年周期で同じようなことを繰り返している、と考えている。

たとえば、バブル景気が始まった一九八五年から七十年前の一九一五年は、第一次世界大戦の真っ最中。イギリスやロシアなどからの軍需品の生産を多数受注し、好景気を迎えていた。バブル景気が終わったのは五年後。同様に七十年前の一九二〇年には戦後恐慌が起こっている。

このような時期に、国に自らの未来を預けるのでは十分ではなく、自らが自らを変革していかなければならない。そうした個人の変革の先に、社会の変革が始まるからである。

たとえば「GIV」というアイデア

では、どうすれば世の中は変えられるのか。

答えは一つ。国による変革を待っているのではなく、草の根レベルで、自らの未来を創っていけばいい。

「草の根」というと、「できることから一歩一歩」という気の長いイメージがあるかもしれないが、私が言いたいのはそういうことではない。現在に比べて、通信技術が未発達であった幕末でさえ、当時の志士たちは約三百年続いた江戸時代を、黒船来航から十五年足らずというスピードで変革し、明治という新しい時代を創ったのだ。いわんや現代においてをや、だ。

市民がインターネットなどを通じてつながり合い、超国家の巨大な民間プロジェクトを起こすことで、国家レベルではできない壮大な変革をスピーディに実現できるというのは、動かしようのない現実なのだ。

第3章の冒頭でお話しした「一〇〇%MAD」は、その一つの形と言える。

また、世界で使える統一通貨のようなものができれば、為替差損や為替手数料の支払いなどがなくなり、世界がつながりやすくなるが、これも、民間レベルのプロジェクトによって、初めて生み出すことができる。国同士が話し合って、足並みを揃えて、世界の統一通貨をつくるなんて、どう考えたってありっこないからね。

これは私の一つのアイデアだが、「GIV」（グロス・インテリジェンス・バリュー）といったものがあればいいな、と考えている。これは携帯電話によって流通する地域通貨というかTポイントのようなもので、提携店で買い物をすると、ポイントが貯まる。「GIV」という名は、「GIVE」や「寄付」をもじっている。

私が理想的だと考えているのは、全世界のNPOやNGOがこのGIVを活用することで、GIVが、「GIVE」や「寄付」を得られるNPOのプラットフォームのようになることだ。

私は、二〇一五年以降は、会社が社会のイノベーションを担う時代は終焉《しゅうえん》を迎えて、NPOの時代が訪れると予測している。最も柔軟かつスピーディに行動できる小組織は営利を目的としないNPOであり、彼らの行動力によって、世の中を変えることができると考えているからだ。

ただし、貧困撲滅や地雷除去、水問題の解消などで活動しているＮＰＯの多くは、非営利であるがゆえに、活動資金難に苦しんでいる。

そんな彼らを少しでも助けるには、世界のＮＰＯが共通で利用する暗号通貨を使うことが有力な手段だ。それがあれば、募金のデリバリーコストや、募金を換金するときの為替手数料の負担を減らすことができる。

また、このＧＩＶを使って、自分が支援したい団体に、簡単に寄付ができるようになる。先ほど話した、アフリカでマラリアにかかった女性を助けたいときは、携帯で「ＧＩＶを寄付する」ボタンをポチッと押せば、すぐに助けることができるだろう。

さらに、ＧＩＶの利用者が世界的に増えれば、気がつけば二億～三億人ぐらいのユーザーが生まれる可能性がある。すると、このＧＩＶを使って、直接さまざまなものが買えるようにもなるだろう。地球のためにインテリジェンスを生み出すコミュニティがこの通貨を使い始めることで、グーグルの「第五の権力」ではないが、「第六の勢力」になるかもしれない。

いずれにしても言えるのは、このような芸当は、国では絶対にできないことだ。

国単位で政治家たちがいくらやっても解決しなかったことが、こうした草の根の民間プロジェクトによって解決へ向かう。こうした事例が次々と出てくれば、世界の先行きは明るい。

グラスルーツリーダーは日本から現れる

さて、このような草の根レベルの民間プロジェクトを進めるには、プロジェクトを引っ張る「グラスルーツリーダー」とも言える存在が必要だ。

社会的問題を解決しようとする志を持ち、自らプロジェクトやコミュニティを立ち上げて、具体的な行動に移していく。時にはメンバー間の意見の相違をうまくまとめながら、集合的知性を引き出し、複雑な問題を解決するアイデアを生み出していく。一過性の行動で終わらぬように、理想論を唱えるだけでなく、きちんとソロバンをはじいて、プロジェクトやイベントを成功に導く。その一方で、無謀だと思われることにも、臆することなくチャレンジしていく――。グラスルーツリーダーにはこのような能力が求められる。社会的な事業で起業する「ソーシャル・アントレプレナー」に求められる力とほぼ同じと言ってもいいだろう。

実は、私は、そのようなグラスルーツリーダーを多数輩出するのは日本なのではないかと予想している。

理由はいくつかある。

一つは、今後、世界経済を引っ張るエンジンとなり、世界文明の中心となることが予想されるアジアにおいて、日本は独特な地位を占めているからだ。

今後、経済的には中国やインドにかなわないかもしれないが、アジアの中でそれなりの地位を持ち続けることは確かだろう。また、日本はアジアで最も西欧文化を取り込んできた国であり、文化的に西欧やアメリカとの橋渡しができる貴重な存在だ。中東やアフリカ諸国との関係も悪くはない。このように、世界中の国々とスムーズにつながりをつくれる国は、そうあるものではない。残念ながら、国家レベルではその強みを生かせていないものの、民間の草の根レベルで多くの人を巻き込んでいくうえでは、強力なアドバンテージとなるはずだ。

二つ目の理由としては、全世界に、日本人の文化をベースにしたインフラというか、共通言語のようなものができつつあるからだ。

それをつくり出す元になっているのは、皆さんもよくご存じの通り、「マンガ」「アニメ」だ。ヒット作は枚挙に暇がなく、古くは『ドラえもん』や『ドラゴンボール』、今では『NARUTO-ナルト-』や『ONE PIECE』といった作品は世界中でものすごい人気を博している。アジアやアメリカ、ヨーロッパだけでなく、中東や中南米にもその勢いが広がっているのだ。

アメリカに、『クランチロール』という、日本のアニメを日本での放送とほぼ同時に字幕をつけて放映しているサイトがあるが、その将来性から、映画配給会社の20世紀フォックスやアメリカのテレビネットワーク・FOX、イギリスの高級紙・タイムズなどを買収し、「メディア王」と言われたマードックの右腕が運営しているベンチャーキャピタルが出資しているほどだ。現在では、有料会員数が二〇〇万人を突破している。日本のコンテンツだけでこれだけの数字を叩き出しているのだから、その需要は計り知れない。

シリコンバレーやサンフランシスコで働くコンピュータ・サイエンス系の人たちの中には、『NARUTO』を日本語版で見たいがために、日本語を勉強して、日本語がペラペラになった人がたくさんいる。アニメから入ってJポップを歌える人も世界各地に存在するし、アニメの中に出てくる日本食や日本のデザインを見ることで、日本食などにハマる人も少なくない。世界的に日本食ブームが起きているのはアニメのヒットと無関係じゃない。

こうした日本のアニメの影響力は、グラスルーツのつながりをつくるうえで、絶大な威力を発揮する。世界のコンピュータ・サイエンスを学んでいる子どもの大多数は『ポケモン』を見て育っているから、ポケモンの話をすれば、すぐにチームワークができてしまう……。まあ、ここまではさすがに言い過ぎかもしれないが、このような「共通言語」があることは、言葉も人種も違う人たちを一つにまとめていくうえで、あなどれない武器だ。

三つ目の理由として、日本人は、知識創造が誰でもできるほど、人材の層が厚いという点。世界的に見て「日本の学力は低下した」とよく騒がれているが、これだけ論理的な文章をブログに書ける国民の絶対数が多い国はそうはない。難しいものを簡単に書く技術で言えば、日本人は天下一品だ。日本の書籍がアジアで受けるのはその証拠である。

最近は、中国や韓国などへの嫌悪感を爆発させている人が少なくないが、そのような国境を意識した発言は、もはや時代遅れと言ってもいい。これからは「AU」（アジア・ユニティ）といったアジアの共同体ができてもおかしくない時代だ。いがみ合っている日中韓も同じ儒教経済圏であり、もしかしたらパスポートなしで行き来できる時代が訪れるかもしれない。実際、ＬＩＮＥや微信（ウィーチャット）などのメッセンジャーアプリは、今や国境を越えて使われているし、「ＬＩＮＥ Ｐａｙ」のような簡単にユーザー間で送金できる仕組みも登場した。これを使えば、日本と韓国、中国、台湾……などさまざまな国の人々と、簡単に商取引ができるようになる。こうなれば、もう国境なんてないも同然だ。

　そうなれば、ビジネスをするにしてもコミュニティをつくるにしても、国境意識の薄い人のほうが、自由で斬新な発想ができることは言うまでもない。そうした、広い視野を持つこともまた、グラスルーツリーダーにとって必要なことだ。

「音楽」×「草の根」

そして、私が知っているだけでもいくつものプロジェクトやイベントが日本のグラスルーツリーダーたちによって進められている。

たとえば、音楽版ＴＥＤとも言える「社会音楽家プロジェクト」。仕掛け人は、高梨雄一朗さん。出演者はまず、参加者を前にプレゼンテーションをする。そして、そのあとに社会性のある歌、「ソーシャルソング」を歌うのだ。持ち時間は一組十分。ユーチューブなどでもその模様を確認できるので、ぜひチェックしてほしい。フェスに出演した宮崎奈穂子さんの『Change』はすでに五四万回も視聴されているというからすごい。

こうした事例を知るだけでも、社会にインパクトを与える主体が「国」という枠組みから「草の根」の活動へと移行しつつあるということが理解できるんじゃないかと思う。

日本人に足りないもの

とはいえ、日本人がグラスルーツリーダーになるためには、足りないものがある。それは、「リーダーとなるためのトレーニング」だ。

その訓練として最適なのが、「リード・フォー・アクション読書会」なのである。

実は、リード・フォー・アクション読書会の目的の一つは、草の根プロジェクトの中核的な存在となれるリーダーの育成だ。

プロジェクト遂行能力や発信力、ファシリテーション能力、人間関係構築力など、グラスルーツリーダーに求められる能力は、すべてこの読書会のファシリテーターの経験を積むことで養うことができる。

読書会の開催を通じて、同じ志を持った人たちを集められるのもポイントだ。異業種交流会では、なかなか話が合う人と出会いにくいが、読書会なら共通のテーマに興味を持つ人が参加するので、同じ問題意識を持つ人と出会える可能性が高い。

新しいプロジェクトを始めるとき、成功を決める鍵の一つは、「コアになる数人のメンバーを集められるかどうか」だ。やはり小さなプロジェクトでも一人で起こすのは限界がある。自分の弱点を補完してくれる多様な人材が集められれば、素早くプロジェクトを立ち上げられるし、成功の確率を高めることができる。そうした人材と出会えるという意味でも、リード・フォー・アクション読書会はうってつけというわけだ。

また、「英語力」も、日本人がグラスルーツリーダーになるために足りないものの一つだけど、これもまた、リード・フォー・アクション読書会で鍛えられる。洋書の読書会に参加していると、学校で学んだ英語をすっかり忘れてしまった人でも、だんだんと英語に慣れてくる。すると、英語学習へのハードルが下がるし、参加者が英語を話す様子を見て、「自分も英語を話せるようになりたい！」という気持ちが強くなるので、英語の勉強に身が入るようになる。気がつけば、見違えるように英語がうまくなった、なんてことは、十分にありえることだ。

もう一つ、リード・フォー・アクション読書会には「セルフ・トランスフォーミング・マインド」が磨けるというメリットがある。

ハーバード大学教育大学院教授のロバート・キーガン博士によれば、アメリカ企業の管理職を調査したところ、大きく三つのタイプに分かれたという。

一番目の「ソーシャライズド・マインド」は、日和見《ひよりみ》型のマネージャーだ。周囲からどのように見られるかをいつも気にしていて、自分に責任が押しつけられないように、上司から明確な指示をもらいたいと考えている。

二番目の「セルフ・オーサリング・マインド」は、自分自身の信念や計画に基づいて指示命令をし、着実に仕事を進めるタイプのマネージャーだ。過去の成功体験を元にして仕事を進めるので、同じ仕事をする環境では堅実に成果を残す。しかし、これまでの経験がまったく通用しない仕事においても、これまでと同じやり方ばかりして、新しい方法を試そうとしないので、成果を残せないことが多い。周囲の意見にも聞く耳を持たないので、どんどん時代から取り残されてしまう。

そして、三番目の「セルフ・トランスフォーミング・マインド」は、自己変容型のマネージャーだ。過去の成功体験を持っていながら、それに縛られず、柔軟な発想ができる。何か問題が起きたときも、その場しのぎの方法ではなく、根本から問題を問い直す。時には、自分が手がけてきた事業を否定して、新しい事業を立ち上げてしまうほど。自分の殻を破って成長し続けたいというマインドの持ち主だ。調査によれば、その割合は全体で一％しかいないという。

今の時代に求められるのは、当然ながら、「セルフ・トランスフォーミング・マインド」だ。

一％しかいないという調査結果からわかるように、このようなマインドを持つのは難しく、歳を重ねて自分の仕事のスタイルが確立するほど持ちにくくなるが、何歳からでもトレーニングで鍛えることはできる。その際に効果的なのが、リード・フォー・アクション読書会で、さまざまな人の生き様や意見に触れることだ。すると、謙虚になるし、ソーシャルプレッシャーによって「変わりたい！」と思えるようになる。そして、成功体験に固執する過去の自分から決別しようという気になるわけだ。

「行動につながる読書をしよう」

リード・フォー・アクション読書会の活動を通して、すでに未来のグラスルーツリーダーが、数多く育ちつつある。その一人が、第2章で紹介した末吉大希さんだ。

末吉さんが東日本大震災の直後に、放射能や都市災害対策などの本を読む読書会を開いたことで冷静な心を取り戻したことはすでに述べたが、それを皮切りに、彼はさまざまな行動を繰り広げていった。

東日本大震災後の読書会を通じて、「大切なことは正しい知識を持つことである」と気づいた末吉さんは、リーディング・ファシリテーターのスキルを学んだあと、まず、「七〇億人の地球上の人たちが地球を守るために読書をしよう」という「PHOTO THE EARTH」という読書会を立ち上げた。

そこで、「行動につながる読書をしよう」と働き方や国際交流の本、それに洋書の読書会などを開いていると、さまざまな参加者が彼のもとに集まるようになったそうだ。

次に、末吉さんは、彼の活動に共鳴した人たちと共に、「勝手にビジネスモデル・ジェネレーション」という、大手企業のビジネスモデルを分析し、新規ビジネスモデルを創る試みを始めた。毎週一回モデルの分析を行ない、月一回発表会を開催。ここで生み出したビジネスモデルを企業に提案することまで行なった。

さらに、感銘を受けた洋書の著者に「翻訳出版予定の出版社とも連携を取るので、ぜひ日本に来てほしい」とフェイスブックで連絡を取り、ネットワークを築いた。

こうしてさまざまなノウハウを蓄積し、つながりも築いたうえで、二〇一二年に独立。世界各地、主にアジアを旅しながら、旅先で読書会を開くようになった。その中で、末吉さんは、同じ洋書を読んでも、国が異なれば見方がまったく異なることを学んだそうだ。また、アジア諸国の活気溢れる姿に、刺激を受けたという。

次に末吉さんが手がけたのは、日本の地方都市で読書会を開催することだ。アジアの熱気をたっぷり肌身で感じてから帰国した末吉さんは、日本、とくに地方の元気のなさに強い危機感を覚えたという。そこで「活気のない原因は情報格差にある。情報を届けることで、活性化に貢献したい」と読書会を開催するようになったそうだ。こうして、現在進行形でネットワークを広げ続けている。

今の末吉さんなら、国内外の人々を巻き込んだ草の根プロジェクトを立ち上げることができるだろう。二十五歳のとき、読書会を開催してみようかなと軽く思ったことがきっかけだったが、その後、数年間で、想像もつかないほどの成長を遂げている。

リード・フォー・アクション読書会のファシリテーターになりたいと希望する人は、企業で経験を積んだ三十代以上の人が多い。

確かにファシリテーション能力、とくに共感能力は年齢を重ねていたほうが身につけやすい面はあるが、私は二十代の若者にも挑戦してほしいと考えている。それは、スポンジのように、ものすごいスピードでノウハウを吸収し、自信をつけていくからだ。失敗もするかもしれないが、手を抜かずに全力でやったうえでの失敗なら、参加者も許してくれるものである。臆せず挑戦してほしい。

福島の「まちヨミ」から生まれた社会変革プロジェクト

リード・フォー・アクション読書会は、個人をグラスルーツリーダーに成長させるだけにとどまらない。

幕末の志士たちは、「松下村塾」や「適塾」などの私塾で、一冊の本を皆で読み合って議論したことを行動につなげ、尊皇攘夷のムーブメントを巻き起こしていったという話は、すでに述べたけど、リード・フォー・アクション読書会自体もまた、社会を変革するムーブメントを生み出すパワーがある、と私は考えている。

まだ始まって八年程度の「リード・フォー・アクション読書会」であるが、私の予想を超える形で、さまざまな動きが生まれている。

その代表例が、福島で行なわれた「まちヨミ」だ。これは、各地域で地域活性化を目的に行なうリード・フォー・アクション読書会である。

もともと、まちヨミをしようと考えたきっかけは、私がＭＢＡを取得したペンシルバニア大学ウォートン校に久々に顔を出したことだ。副学長にお会いすると、

「昌典、君に素晴らしいニュースがある。絶対に君は興味を持つはずだ」

と言われ、「One Book, One Philadelphia」というイベントについて教えてくれた。それは、「この期間内に、この本を読みましょう」とテーマ図書を決めて、図書館でも病院でもレストランでも学校でも、その一冊の本を読むというイベントだ。多民族国家であるアメリカでは、共通の知識がなくなってきているることから、一冊の本を読んで共通の知識をつくり、交流を図ることがその趣旨だという。

副学長の思惑通り、「それはいい！」と思った私は、「福島県で同じことをやったらいいのではないか」と考えた。そこで、「ONE BOOK, ONE IWAKI」と銘打って、二〇一三年六月に、第一回まちヨミを福島県いわき市で開催したのである。

まずは『ビジネスモデルYOU』(翔泳社)という本を課題図書にした読書会が行なわれたのだが、それをきっかけに、「自分の地元でも開催したい」という人が複数現れ、郡山市や福島市など、福島県内で読書会が広がっていった。

ここで特筆すべきなのは、この福島での「まちヨミ」が、一過性のイベントでは終わらなかったことだ。この場で知り合った参加者が、その後も交流を重ね、ついには、福島で起業家を継続的に支援する一般社団法人グロウイングクラウドや、子育て中の福島の母親を支援するプロジェクトを立ち上げた。まさに読書会から、社会変革を目的としたプロジェクトが生まれたわけだ。

地域活性化を目的としたミーティングを行なうと、参加者が自分の言いたいことを言ってかみ合わないケースがよくあるが、本を媒介にすれば、共通言語ができ、同じ方向を向いて話し合うことができる。そうした土台があったからこそ、新たなプロジェクトの発足につながったに違いない。

ちなみに、郡山では、後日『シナリオ・プランニング』の著者であるウッディー・ウェイド氏を直接現地に招いた読書会まで行なわれた。もちろん、英語の原書を使った読書会だ。ウェイド氏は日本語ができないから、話す言葉も英語だ。国境すら飛び越えてしまう福島の方々の行動力には頭が下がるばかりだが、これもまた「読書会」の効果なのだろう。

被災地である福島はまだまだ多くの問題を抱えている。社会変革を目指したプロジェクトがうまくいくかどうかは、これからの頑張り次第。同じような取り組みをしている地元の人や団体との連携や、自治体の補助金の活用など、さまざまな行動が必要だが、このようなプロジェクトが芽吹き、実際の行動に落とし込まれたことは、本当に素晴らしいことだ。

また、福島の「まちヨミ」と同じようなことが広島県府中市でも起ころうとしている。

安倍政権の政策の一つである「地域おこし協力隊」をご存じだろうか。これは、人口減に悩む地方の町に、地域おこしに興味のある都市に住む人々を誘致し、一〜三年間、地域貢献活動を行なってもらうというプロジェクトだ。

藤原幸大さんは、その「地域おこし協力隊」として、二〇一三年十月、二十六歳のときに東京から、生まれ故郷に隣接する広島県府中市にやってきた。

府中市の課題は、毎月五〇人ペースで進む人口減少と、六戸に一戸が空き家という空き家率の高さ。藤原さんも、これらを解決するための活動を行ないたいと考えていた。しかし、いくら安倍政権の肝煎りとはいっても、外から地域おこしのために来た人材は、なかなか地元に受け入れてもらえないものだ。

そこで藤原さんが行なったのは、「まちヨミ」だった。地元の人を集めて、人口減少と空き家問題に関する読書会を、二〇一四年八月と十月の二回開催。すると、参加メンバーとのつながりが非常に深まり、藤原さん自身も府中市という地域を理解できたという。

そして、読書会のメンバーが発起人となり、二〇一五年初めにはＮＰＯ法人アルバトロスが立ち上がった。主な活動内容は、市内の空き家の持ち主と、移住・交流を希望する人との橋渡しをすること。地方自治体の空き家バンク事業などと連携し、具体的な取り組みが始まった。読書会を行なってから半年にも満たないうちに、ここまで話が発展したというわけだ。リード・フォー・アクション読書会なしでは、こんなにスムーズにはいかなかっただろう。

福島や広島以外でも、「まちヨミ」は開催されている。たとえば金沢市では「子ども向けに編集された金沢市の本」を読んだところ、予想以上に地域の歴史を知らないことに気づかされたという。こうして地元の特徴を再認識することで、未来へのビジョンが見えてくることは少なくない。それも、わずか二〜三時間の読書会で見えてくるのだから、こんなに効率的なことはない。

「優しい社会」に甘んじてよいのか

私の予測では、これから、社会全体が非常に優しい社会になっていく。

残業は少なくなるし、副業も自由にできるようになる。これはなぜかと言えば、少子高齢化の時代が本格到来し、働きたくても、介護で働けなくなる人が増えていくからだ。そのために、今、企業は、働けなくても生活していけるくらいの、圧倒的に生産性が高い仕事を生み出していく努力をしている。

これが成し遂げられた企業と、そうでない企業の落差は、あまりにも大きくなる。未来に選ばれる企業は、もっと稼ぐようになるし、過去にしがみつく企業は、徐々に体力が弱って消えていく。

すると、何が起こるか。

未来は、勝つか負けるかという競争の社会ではなく、一生懸命頑張って勉強しなくても、飢えずに幸せに暮らせるようになっていく。なぜなら、知識創造をして莫大な富を稼ぐ人は、その富を循環させて社会を良くすることが自分の役割であり喜びであると考え、さまざまな社会的活動に身を投じるようになるからだ。

たとえば、一人ひとりの才能に応じた新しい教育方法に投資をしたり、貧困をなくすための社会活動を行なったり、自然エネルギーに移行するための技術開発の支援をしたり、といった具合だ。

その結果、最低限の暮らしはできるので、楽をしたい人は楽ができる世の中になる。

だから、あなたが楽をしたいだけの人生を送りたいのなら、読書は必要ない。新しい価値を何も創造することなく、すでに創造された価値を享受するのだって、それは十分に賢い生き方だ。

しかし、世の中には、バカがいる。あれこれと、世の中の行く末や国家の未来を憂慮し、より良い社会を築かなければならないなどと妄想に挑戦するバカがいるのである。

そして、あなたがこの本を手に取ったのは、こうした世界を変える側の、バカな人間になりたいからではないか。

「ノブレス・オブリージュ」という言葉がある。「社会的地位の高い人は、それに応じて果たさなくてはならない責任と義務がある」という意味だが、同様に、「知識創造型の読書」によって知恵を得た人は、その知恵を社会の変革に用いる責任を負うべきだと、私は考えている。

今、世界では、社会を変えるための小さな行動を起こしている草の根のリーダーが無数にいる。あなたが、その新たな一人となり、将来大きなムーブメントを起こす人材に育ってくれれば、世の中を変える「バカ」へと成長を遂げてくれれば……こんなに嬉しいことはない。

書を持って、町に出る。そして、仲間と一緒に世の中を変える——。

一冊の本が、あなたを「マッド」に、そして「クレイジー」にしてくれる。そんな力を書籍は持っている。そのことが本書で伝えたかった私の一番のメッセージだ。

【解説】　あらゆる分野の専門知識を、短時間で身につけるには?

世界を変えようと思うクレイジーなあなたには、あらゆる分野の最先端の専門知識、そして過去の賢人が残した叡智に浴びるように触れていただきたい。そこで、最後に、フォトリーディング・ホール・マインド・システムのやり方について、お伝えしておく。

どんなに乗り越えるのが困難な壁にぶつかったと思ったとしても、本は無限の可能性を、あなたに開いてくれる。本は、私たちの究極の財産である。

フォトリーディング・ホール・マインド・システムの具体的プロセス

【ステップ1】準備

最初のステップは、読書の目的を明確にすることだ。これをしないことには、フォトリーディングは始まらない。

目的をはっきりさせるために、まずは、次の二つの質問を自分に投げかけてほしい。

「この本を読んだ結果、最終的にどうなることを期待しているのか？」
「私が読もうとしているものは私にとってどのくらい重要か？　それは長い目で見ても、価値があるものか？」

どうだろうか？　もし「私にとって重要である。価値がある」という答えが出たなら、その本をそのまま読み進めてOK。そうでなければすっぱりと読むのをやめてしまおう。書店でお金を出して買った本だったとしても、もったいないなどと思わずに、読まないでおこう。時間を浪費することのほうがよほどもったいないことだ。

目的を絞り込むために、さらに次の二つの質問を自分に投げかけてみよう。

「とくに必要としている情報は何か？　本全体の概要を知りたいのか、ある部分を詳細に知りたいのか？」

「必要な情報を得るために、今、費やすことができる時間はどのくらいか？」

　これらの質問に答えることで、目の前の本を読む目的がはっきりと定まるはずだ。

　そのうえで、自分を「集中学習モード」に持っていく。これは、身体的にはリラックスしていながら、頭は冴えてきて、意識が最高に高まっている状態のことだ。心理学やスポーツの世界でよく言われる「フロー状態」と考えてもらってもいいだろう（「ゾーンに入る」という言い方をされることもある）。このような状態をつくることで初めて、分厚い本を数十分で読破することが可能になる。

　とはいえ、人間、「集中しろ」と言っても、なかなか集中なんてできるものじゃないよね。そこで、集中モードに入れるテクニックとして「ミカン集中法」をお伝えしたい。

文字情報を処理する際には、後頭部の上のほうの一点に注意を集中すると、処理能力が上がることが調査によって知られている。「ミカン集中法」は、それを踏まえたテクニックだ。次の四つのステップで行なう。

1. 片方の手のひらの上にミカンを載せた状態をイメージする。重みや手触りなど、できるだけリアルにイメージを。そのミカンを左右の手の間で、お手玉のように行き来させる。
2. そのミカンを後頭部の上のほう、一五～二〇センチ程度のところに持っていき、浮かせてみる。浮かせたら、静かに腕を下ろしてリラックスを。
3. そっと目を閉じて、後頭部のミカンのバランスをとる。
4. リラックスして集中力が高まってきたと感じたら、目を開けて、本を読み始める。

試しに、この本のどこかのページを「ミカン集中法」を使って読んでみてほしい。すると、視野が広がったり、目の動きがスムーズになるなどの感覚が得られるのではないだろうか。最初は感じられなくても、何度も試していると、集中力が得られるようになるだろう。

【ステップ2】予習

このステップは、その名の通り、本を「予習」するステップだ。

本を手に取って、本の内容をざっと見渡す。表紙や裏表紙、目次などをざっと見て、なんとなく全体像をつかもう。かける時間は、普通の量の本なら一分程度、分厚い本でも二分程度。それ以上はかけないほうがいい。

短時間で済ませたほうがいいのには、れっきとしたわけがある。予習をする時間が長くなると、情報が短期記憶の中に貯蔵される。すると、そのあとにフォトリーディングを行なうときに、脳が、その短期記憶に貯蔵された情報の処理を優先してしまい、フォトリーディングで必要な無意識の領域での情報処理がうまくいかなくなってしまうのだ。

ざっと見たら、その本が自分の目的に見合う価値があるかどうかを検討する。と言うと、たいがい「価値がある」と甘めに判断することが多いので、「その本は、自分が読むべき上位二〇%の中に入っているか」と自問しよう。上位二〇%が全体の価値の八〇%をもたらしているという「八〇対二〇の法則」があるように、上位二〇%に入っている本を読めば十分目的は達成されるものであり、そこから外れる本に時間を割《さ》くのは、時間の浪費だ。

この「予習」のステップは一見地味ではあるが、非常に重要なステップである。本の全体像をざっと知ることで、その本に関するベースとなる情報が得られ、ステップ3以降がスムーズにできるようになるからだ。また、余計な本に時間を取られることがなくなるので、読書から知識創造をする効率がぐっと高まる。

[ステップ3] フォトリーディング

予習が終わったら、いよいよフォトリーディングに入る。フォトリーディングには、以下の六つの段階がある。ざっと説明しよう。

1. フォトリーディングの準備

改めて、目の前の本から何を得たいのか、何が得られるのかを意識する。「また目的?」と思うかもしれないが、目的意識を持つことはそれぐらい重要なことであり、また忘れやすいということだ。だから省略せずに、実行してもらいたい。

2. 加速学習モードに入る

加速学習モードとは、脳の情報受け入れ能力が高まった、学習に最適な状態。集中学習モードと少し似ているが、もう少し高度な状態だ。

手順としては、楽な姿勢をとって、深く息を吸い込んだら、息を吐きながら目を閉じる。もう一度深呼吸をして、少しの間止める。その後、ゆっくりと息を吐きながら、数字の「3」を頭の中で思い浮かべつつ、心の中で「リラックス」という言葉を唱えよう。これがリラックスの合図。頭の上からつま先まで、順に筋肉をリラックスさせていこう。

リラックスできたら、今度は数字の「2」を思い浮かべながら、再び、心の中で「リラックス」という言葉を唱える。こちらは、精神的にリラックスするための合図。今この瞬間に集中し、考え事や心配事が浮かんでもとらわれないようにする。

最後にもう一度深く息を吸い、少し止めたあとに、ゆっくり吐き出していく。すると、頭の中で数字の「1」という音が聞こえてくる。そして、集中力が高まり、加速学習モードに突入する。

3．アファメーション

否定的な思考や雑念が浮かぶと、フォトリーディングの邪魔になる。そうした思考がもたげてこないよう、これから読む本に対する自分の能力と目標をアファメーション（肯定的自己断言）する。具体的には、「フォトリーディングの最中、私は完全に集中している」「私がフォトリーディングする情報は、私の脳に写し取られ、私はそれを利用できる」「私は〇〇（あなたの目的）を達成するために、〇〇（本の題名と著者名）の中の情報がほしい」と唱える。こうすることで、本に没頭する精神状態をつくり出すわけだ。

4．フォトフォーカス状態に入る

フォトリーディングをするときには「フォトフォーカス」という目の使い方をする。これは一字一句に焦点を合わせるのではなく、ページ全体に視点を移す見方であり、こうすることで、本の情報を脳の無意識下の領域にダイレクトに送り込める。

うまくフォトフォーカスをするためのポイントは、前述した「ミカン集中法」により意識を集中すること。また、目の焦点をゆるめて、ページの四隅と文書の行間の余白を見ることだ。書籍の場合は、見開き二ページを一緒にフォトリーディングする。うまく視線が分散すると、綴じ目の部分に丸く膨らんだ柱のようなものが見えてくる。

5．安定した状態で、リズム良くページをめくる

フォトフォーカスをしながら、一秒に一ページのペースを保ちながらページをめくる。その際のポイントは、呼吸を深く一定に保つこと。背筋を伸ばし、両足を床につけて、椅子に腰掛けること。またページをめくりながら、心の中で「チャント」を唱えることだ。チャントとは単調な言葉のことで、たとえば「リーラックス、リーラックス、4、3、2、1、リーラックス。リーラックス、ペースを、保って、ページを、見よう」といった具合の言葉を心の中で唱える。ページを飛ばしても気にせずそのまま続けよう。

6．終わりのアファメーション

すべてのページをめくり終わったら、得られた情報をあとで引き出せるよう、次のような「終わりのアファメーション」をする。具体的には、「私は今、この本の印象を感じ取っています」「私はこの情報を手放し、私の体と心に処理を任せます」「私はこの情報をあとで取り出して利用できるのを、さまざまな方法でどのくらい実感できるか楽しみです」などと唱える。すると、脳が無意識レベルの情報処理を開始してくれる。

これでステップ３は終了だ。

［ステップ４］復習

フォトリーディングを終えたら、直後に復習をする。

まずは二〜三分かけて本の中身をざっと見渡す。表紙や裏表紙に書かれている言葉、索引、本文の見出しの部分や太字の部分、数字やグラフなどを見て、文章の構成を把握する。

次に、「トリガーワード」を取り出す。トリガーワードとは、本の中で強調されながら繰り返し使われている語句のことで、その本の中心的なキーワードのことだ。これを見つけ出すことで、フォトリーディングした情報から答えを引き出すための質問をつくりやすくなる。だいたい二〇ページごとに本をめくり、さっと見て、トリガーワードを探し出そう。二~三分で、二〇~二五個ぐらいは書き出してほしい。

トリガーワードを眺めていると、「とくにこれが知りたい」と思うような語句がいくつかあるはずだ。それが、あなたにとっての真のトリガーワードだ。このトリガーワードに対する疑問点を書き留めておく。かけていい時間は、七~九分程度だ。

[ステップ5] 活性化

すぐにトリガーワードに対する疑問を解決したくなるだろうが、いったん本を離れ、十~二十分、「生産的休息」を取る。時間が許すなら、一晩眠るべきだ。その理由は、休息を取ることで、フォトリーディングで得た情報が脳の神経ネットワークに組み込まれ、あなたの目的や過去の知識と結合されるからだ。この工程を踏むことで、あなたの目的が達成される知識を生み出しやすくなる。

生産的休息を経たら、復習のときにつくったトリガーワードと質問を見直す。すると、好奇心が刺激され、いろいろな疑問が湧いてくるだろう。この見直しの作業をすることで、脳が活性化し、目的達成のために必要な情報を集め出す。

質問の見直しが終わったら、いよいよ「スーパーリーディング」。興味のある章を開いて、本の中央を右から左へ（縦書きの場合）、目を通常の何倍ものスピードですべらせ、あなたがつくった質問の答えがあると思われる箇所を探していこう。

その箇所を見つけたら、目を滑らかに動かして、意味を考えながら文章を読む（ディッピング）。一部分を集中して読むと全体に目がいかなくなるので、読むのは一〜二ページ程度にとどめる。内容把握は、それだけでも十分だ。

スーパーリーディングとディッピングの代わりに、最初の一文を読んだあと、不規則に目を動かして、テーマに関連する単語を拾っていく「スキタリング」という方法もある。

いずれにしても、ここまで来れば、本の内容を把握できるようになるわけだ。


以上が、フォトリーディングの基本的な手順だ。最初は時間がかかるかもしれないが、慣れれば、一冊の本を自分でも信じられないようなスピードで読めるようになる。三〇〇〜四〇〇ページもある本を、三十分程度で理解することもごく普通の話になるのだ。あなたの読書の生産性が劇的に高まることは間違いない。

特別対談

「知的筋力」を鍛えなければ、日本人に未来はない

「日本3・0」到来のために今、私たちがやるべきこと

神田昌典 × 佐々木紀彦（NewsPicks取締役）

「今の日本人に必要な『読書』とは何か」について、四〇〇万人超の会員を持つ人気ニュースサービス「ＮｅｗｓＰｉｃｋｓ」（ニューズピックス）の編集長（現ＮｅｗｓＰｉｃｋｓ取締役）である佐々木紀彦さんと語り合いました。

※二〇一七年収録

「紙の本」は本当にすたれるのか

神田　対談を企画するにあたり、「読書について語れて、最先端の情報に積極的に触れている方はいないか」と考えたとき、真っ先に浮かんだのが、「ニューズピックス」の編集長をされている佐々木さんの顔でした。大学時代、四年間で一〇〇〇冊以上の本を読んだそうですね。

佐々木　最近は仕事に関係する本しか読めていないのですが、学生時代は手当たり次第に手広く読んでいました。本が一番の友だち、というちょっと暗い学生でしたね……。

神田　今、佐々木さんが活躍しているのは、その読書の賜物《たまもの》ではないかと思います。今日はよろしくお願いします。

佐々木　こちらこそ、よろしくお願いします。私も、神田さんがどんな本の読み方をしているのか、いろいろお伺いしたいと思っています。神田さんの本棚にはどんな本があるのかにも興味があります。

神田　それでいうと、実は一年ほど前に、大きな決断をしました。自宅の書斎にあった四五〇冊の本をほとんど処分したんですよ。

佐々木　えっ！　さっそく驚きの発言ですね。

神田　数年前の私が見ても、さぞかし驚いたことでしょうね。もともと、私は、「買った本は取っておく。自分と共に本棚も成長する」という考えの持ち主でしたから。先日、お亡くなりになった渡部昇一先生は非常に愛書家でしたが、先生のような知的生活を送りたいと思って、これまでは買った本をできるだけ保管するようにしてきました。

しかし、近年は、一度読めば十分というような消費型の本も増えていますし、そういった本を含めて相当な数の本を読むため、書斎のスペースがどんどん狭くなっていました。

また、ビジネス書のような実用書は、原稿執筆などのときに、「あのチャートを見たいな」と見返すこともありますが、「確認のためなら電子書籍のほうが便利なのではないか」と思い始めたことも、紙の本を処分した理由の一つです。手元のキンドルに入っていれば、自宅の書斎にいようが、オフィスにいようが、どこにいても、すぐに検索できますから。

佐々木　確かに、紙の本だと、「あの本、どこにあったっけ？」と思うことはありますね。

神田　別にキンドルの宣伝をするわけではないんですけどね。キンドルの端末の使い勝手もかなり良くなったと感じます。フォトリーディングをするには、スピーディにページをめくれることが絶対に必要ですが、紙の本と遜色ないレベルでめくれるようになってきました。長時間読んだときの目の負担も、想像以上に少ない。

佐々木　そこで、思い切って処分したと。

神田　もちろん、「この本は自分が死ぬときまで絶対残っているか」という観点から考えて、残した本もあります。それでも四五〇冊中、二〇冊程度でした。自然科学系の本や、ビジネススクール時代に読み込んだ教科書、あとは洋書が中心です（巻末に掲載）。

佐々木　実際、本を整理してみていかがでしたか？

神田　ものすごくスッキリしましたね。読みたくなったら電子書籍で買っていますが、とくに困ったことはありません。唯一困ったのは、本を捨てる作業で腰を痛めて、三日間苦しんだことくらいです……。

こんな芸当ができるようになったのは、電子書籍のおかげ。なんでも電子がいいとは思いませんが、ビジネス書はほとんど電子書籍になるんじゃないかと思いますね。

実は私、「紙の本」派なんです

佐々木　それを聞くと、私も電子書籍を活用してみようかな、という気になりますね。

神田　佐々木さんはウェブメディアの人ですから、電子書籍を活用されていますよね？

佐々木　いいえ、実は私、「紙派」なんですよ。キンドルすら持っていないんです……。

神田　それは意外！

佐々木　こう見えて「アナログ派」でして。

神田　普通は、僕がアナログで、佐々木さんがデジタルというイメージだと思いますが、なんだか逆転していますね。でも、なぜ電子ではなく、紙の本を読んでいるのですか。

佐々木　単純に紙の本が好きだというのもありますけど、実用的な面もあります。私は、本を読むとき、目次を見て、読みたいページに次々と飛んだり、パーッと流し読みをしたりすることが多いのですが、その読み方だと、紙の本のほうが、断然やりやすいんです。電子だと、好き勝手に飛ぶのは難しいですよね。

神田　確かに、紙の本はそこがいいんですよね。ページに対するアクセスが圧倒的に速く、付箋を貼っておけば、すぐに開きたいページに飛べる。あと、これは個人の感覚かもしれませんが、内容が記憶に残りやすい感覚もあります。そういった利点があるため、一年ほど前に紙の本を大量処分したあと、ほとんどの本は電子書籍で買っているのですが、実は、「しっかりと向き合いたいな」と思った本は、改めて、紙の本も買うようにしています。

佐々木　科学的にも「紙で見たほうが頭に入りやすい」という研究結果もあるようですね。そうやって考えると、「紙の本は、ハードウェアとして効率がいい」と言えそうです。

二〇一七年から、「NewsPicksアカデミア」という新たな試みを始めて、一〇〇〇人の会員に毎月一冊本を送っているのですが、紙か電子か選べるようにしたところ、六～七割の人が紙を選びます。会員の年齢層は三十代が中心ですが、この年代でもまだ紙派が多数派なんですよね。

神田　三十代でもそれだけ紙派がいますか。

佐々木　これが十代、二十代になるとまた違ってくるとは思います。読み放題のキンドルアンリミテッドだけで、すべて済ませてしまう人もいるかもしれません。ただ、個人的には、紙の本も、意外とすたれないんじゃないかという気もします。

神田　今後は、本の用途や内容によって、紙と電子、両方の書籍をどう使い分けるか、試行錯誤が続くでしょうね。

世界のエリートたちの読書術――年間一二〇冊、硬い本を読む

神田　紙と電子、どちらの形を選ぶにしても、知力をしっかりと鍛えるうえでは本が欠かせないと思うのですが、佐々木さんはどう思われますか？

佐々木　私もまったくその通りだと思います。

『日本3・0』（幻冬舎）でも書いたのですが、ハーバードやスタンフォードといったアメリカの一流大学の学生は「知の一〇〇〇本ノック」を受けています。その中心を占めるのが、読書。一年間に最低でも一二〇冊程度の本を読まされているのです。分野も、哲学から経済学、自然科学など多岐にわたっていて、内容も、古典のような、読むのに時間がかかる本が中心です。要するに、教養教育をみっちり受けているんですよね。

こうした経験を積む人とそうでない人とでは「知的筋力」がまるで違ってくる。私も、かつて東洋経済新報社にいたときに、スタンフォード大学の大学院に留学させてもらったのですが、大学四年間で古典などの硬い本をたくさん読んでいる友人と話すと、自分との知的筋力の差を痛烈に感じました。

神田　大学時代から本を読み込んできた佐々木さんでも、差を感じましたか。

佐々木　はい、もう全然違いますね。さらに言えば、語彙《ごい》力についても差を感じました。最近の若者の中には、LINEなどをしていて、すぐにケンカになる人もいるそうですが、その原因の一つは語彙力だと思います。相手に自分の考えていることを伝えるには、状況や相手次第で言葉を選ぶ必要がありますから。

神田　確かに、言葉の意味、行間を読むのが苦手な人は多いかもしれません。言葉ではなく、スタンプなどで思いを伝えることが増えていることも原因の一つでしょう。伝達手段がテキストからビジュアルに移行しつつあることを考えると、今後はインフォグラフィックス型のコミュニケーションが進むのかもしれません。

佐々木　そういう時代だからこそ、視覚的に伝えられない部分、ビジュアルの限界を補う意味で、語彙を増やすことは重要になるはずです。

神田　話を「知的筋力」に戻しますが、佐々木さんの言う「知的筋力」というのは、いろいろな言い方ができると思います。この本の中では、「知識創造のベース」という言い方をしたのですが、別の言い方をすれば、何かを知的に考えるときの「知的な道筋」だと思うのです。だから、難問に直面したときに、その対処法を、自分の中から自然と引き出せるんですよね。コンピュータにたとえれば、アプリではなくＯＳの部分ですよね。

佐々木　おっしゃる通りです。他国と比べて日本を劣っていると考える「出羽《でわの》守《かみ》（『○○では～』『△△では～』と何かにつけて他者の例を引き合いに出す人のこと）」にはなりたくないのですが、アメリカの一流大学では、そのＯＳを整える仕組みが確立していて、二十二歳まではそれを徹底的に叩き込むということが、社会の共通認識としてあるのだと思います。

だから、卒業後に、各業界にあるさまざまなアプリを載せても対応できるし、ＯＳが共通なので、異分野で働いている人同士でも語り合える。業界を超えたイノベーションが起こりやすい理由は、そこにあるのではないかと思います。

それに対して、日本の大学では、理系に行っても文系に行っても、ＯＳを磨くようなカリキュラムはあまり見られません。理系の学生が哲学の本を徹底的に読まされたり、文系の学生が自然科学系の本を徹底的に読まされたりということは、なかなかありません。だから、理系と文系の出身者が社会で交流を持ちにくく、顔を合わせたとしても、芸能人やスポーツの話題くらいしか共通の話題がない……。教養教育が充実しているのは、東大とＩＣＵくらいでしょうか。

神田　私は大学が上智だったのですが、人間学講座や結婚講座といった、ＯＳづくりにつながるような講義はありました。個人的には、ギリシャ神話にハマり、その分野の本を読み込んだことが、今のマーケティングの仕事にものすごく役立ちました。でも、ＯＳを徹底的に鍛える仕組みがあったかというと、そうではないでしょうね。

佐々木　ただ、大学に仕組みが用意されていなくても、神田さんにとってのギリシャ神話みたいに、個人の努力で教養が身につく本をしっかり読み込んでいれば、ＯＳは鍛えられると思うんです。

神田　ところが、最近は、本そのものをじっくり読み込むという体験を積んでいる人が少ない。

佐々木　そうなんです。

神田　本も、トレーニングジムと同じようなものなんですけどね。身体《からだ》を動かすまではおっくうだけれど、いざ動かしてみると楽しくなってくるし、慣れれば、通うのが苦ではなくなる。でも、皆、最初の一歩を踏み出さない。

最近、一流企業の若手社員と話していると、OSが磨かれていないどころか、機能が停止してしまっている人をけっこう見かけます。「どう思う？」と質問しても、答えが返ってこないんです。

佐々木　二十代くらいですと、自分で考えるより、上司の言ったことをうまく実施することを求められるので、考えなくなるということもあるのかもしれませんが……。本を読み込んで、しっかりとしたOSができあがっている人なら、そうはならないとは思います。

神田　私は、そこまで楽観的ではありません。なぜなら、その上司すら、判断力を持っていないですから。グローバル企業の四十代管理職でも、「ＡＩ」により仕事を指示されたほうが、「愛」のない上司に指示されるよりはいい、と本音を漏らす人がいます。テクノロジーに自分の判断を委ねてしまったほうが楽なのは確かですから、大多数の人間はＡＩの指示にしたがうだけの、低賃金の作業員に成り下がっていく。それが嫌なら、ＡＩが分析できる既存分野での活動ではなく、今までデータすらなかった、新しい分野での活動を、新しく創造していかなければならない。そのためには、仕事に役立つ手っ取り早い、細切れな情報ではなく、骨太な読書を続け、教養人としてのＯＳを鍛え上げる機会を積極的に探し求めないとダメですよ。

佐々木　「自分探し」という言葉がありますが、本当は「探す」のではなく、自分を創らないといけないわけですよね。

神田　身体をつくり上げるような栄養をしっかりとらないといけない。手軽でおいしいインスタント食品やスナック菓子ばかり食べている場合じゃないんですよ。

佐々木　知的な肥満児になっていてはダメですね。

インプットとアウトプットを一体化させて、OSを鍛える

佐々木　先ほど、アメリカの大学生が「知の一〇〇〇本ノック」を受けているという話をさせていただきましたが、読書だけでは、知の一〇〇〇本ノックとは言えません。その内容について、教授や仲間と議論したり、レポートを書いたり、プレゼンをしたりと要するにアウトプットをする。インプットとアウトプットが一体化することで、初めて知的筋力が鍛えられて、OSが育っていくと考えられています。その観点から見ると、神田さんが主宰している「リード・フォー・アクション」は、まさにインプットとアウトプットが一体化した読書会ですよね。

神田　そうなんです。リード・フォー・アクション読書会の具体的な内容については、この本の中でかなり書きましたが、ポイントは、参加者同士が双方向

で話し合うこと。参加者がフラットな立場で共創する機会というのは、意外とないんです。そもそも双方向につながって何かを話し合うようなイベントは、社会に出てしまうとなかなか見つからないものです。あるにはあるんだけれども、盛り上がっていない。

佐々木　そう言われてみると、確かに思いつかないですね。双方向に見えても、一対Nだったりする。AKBみたいなものですね……。

神田　N対Nのコミュニケーションは、とくに、日本人にはなかなか難しい。ファシリテーターと言われる存在がいないと、なかなか発言が活発になりません。

佐々木　その点、リード・フォー・アクション読書会は、ファシリテーションの手法が、いい意味で仕組み化されていますね。

神田　教育学やリーダーシップ論に関する世界的ノウハウなどを入れながら、「一言のセリフで、どうやって場に影響を与えるか」ということを二十年近く研究し、積み重ねてきているので、かなり洗練されていると思います。リード・フォー・アクション読書会では、口角泡飛ばして議論するようなことはありませんが、一種の知的議論の場であることは確かでしょう。このような場は、会社ではなかなか用意されていませんから、社外に目を向け、自分で探して、入っていかなければならない。そして、そういった場でインプットすると共に、自分の発言というものを考えていくことで客観性が高まり、幅広い分野で通用する、適切な判断力が鍛えられていくのだと思います。

「時間」と「空間」を占有することの意味

佐々木　人々が変われないのは場がないからであり、場を用意すれば、それを活用して、自ら成長する人が出てくる。ということで、私たちも、「ＮｅｗｓＰｉｃｋｓアカデミア」という試みを二〇一七年から始めました。「ビジネス×教養」という切り口から、新時代の学びと出会いを提供するというもので、月会費五〇〇〇円で、月一回講演会に参加できたり、幻冬舎さんの協力のもとで毎月一冊制作している「NewsPicks Book」が送られてきたり、有料記事が閲覧できたり、といったサービスを提供しています。

この企画を始めた動機の一つは、読者のコミュニティ（場）をつくりたいというものですが、そのコミュニティの中心になるものとして考えているのが、月一冊お届けする本なんです。最も歴史が古いメディアといえば「教会」ですが、皆が同じ場所に集まってきて語り合うコミュニティができたのは、聖書があったからだと思います。同様に、毎月、会員みんなが同じ本を読んでいるという体験があれば、そこから会話が生まれたり、いろいろなネットワークが生まれやすくなるのでは、と考えました。

読書会とはちょっと違うのですが、本を媒介にして、会員同士のコミュニケーションが生まれればいいな、と考えています。

神田　素晴らしい試みです。参加者が、佐々木さんのような、教養人としてのOSを鍛えられる場になりますね。

佐々木　そうなればいいですね。従来のメディアは、リアルから始まってネットに行く形でしたが、私たちは、逆にネットからリアルに行くことで、ネット的な発想でアナログ的なものを再発明できるのではないか、と考えています。

神田　今のように、情報が爆発している世の中では、お客様の関心を捉えるのはとても大変なことです。そのうえで非常に重要なのは、リアルという切口。私は、「時間」と「空間」という二軸で考えているのですが、このいずれか、理想を言えば両方を満たすことができると、お客様のマインドシェアを高めることができます。ただ、その時間と空間を満たすのは、すごく難しいんですよね。皆さん忙しいですから。

その点、ニューズピックスさんは、まず、スマートフォンのアプリでとっかかりをつくってマインドシェアを高めてから、「アカデミア」というリアルな活動によって、時間と空間の双方に関わることで、マインドシェアを強固なものにしようとしている。非常に上手な手法ですよね。

佐々木　ありがとうございます。

神田　アカデミアもいいですが、私は、「ニューズピックス」というサービス自体も、ＯＳを鍛えるというか、さびつかせないためのいいサービスだと思います。佐々木さんにお声がけいただいてから、私もプロピッカーとして、記事にコメントを寄せさせてもらっていますが、すごくいい思考のトレーニングになっているんですよ。「自分らしいコメントとは何か、どういった発信をすべきか」ということを、深く考えさせられるのです。なかなか目標達成は難しいのですが、毎日一つはコメントを書くことを、ノルマ（目標）にしています。

佐々木　そう言っていただけると嬉しいですね。

神田　ＯＳが停止してしまっている人がいるという話をしましたが、その理由は、「何かを発信していないから」だと思うんです。ただ、それは、その人たちだけに原因があるのではなく、何かを思考して発信する場所が少な過ぎることもあると思うんです。

佐々木　確かに、ツイッターやフェイスブック、インスタグラムなど、さまざまなＳＮＳがありますけど、思考して発信する場というより、単なる「反応」

ですよね。

神田 その点で、ニューズピックスは、思考して発信するという習慣をつけるには、非常に良い表現の場だと思いますね。

読書会が、企業文化の核となるマインドをつくる

神田 この本の中でもお話ししましたが、リード・フォー・アクション読書会は、個人だけでなく、企業を強くする力も持っています。

先ほど、人の時間と空間を満たすことが難しいという話をしましたが、それは、企業でも同じなんですよ。最近はリモートワークが進んで、オフィスに寄らずに仕事をする働き方が増えてきていますし、飲みニケーションのようなことも難しくなっています。企業自体が、社員の時間と空間を占有できなくなってきているんですね。

しかし、リード・フォー・アクション読書会を企業内で行なえば、社員の時

間と空間を共有することができます。そして、同じ本を読むことで、互いに交流を深めることができる。さらに、企業や仕事のあり方を考えさせられるような本を一緒に読めば、企業文化の核となるマインドを短期間で共有できます。こうしたことを積み重ねることで、企業文化を生み出すことができ、その文化によって社員が結束する、強い会社を生み出すことができるのです。

佐々木　今の神田さんの話を聞いて思い出したのは、以前取材した、マザーハウスという鞄の企業です。副社長の山崎大祐さんは、元ゴールドマン・サックスのエコノミストで、忙しく世界中を飛び回っているにもかかわらず、毎週のように朝会で、さまざまな教養書を社員たちに読ませては、山崎さんが先生のようになって、議論しているんです。マイケル・サンデル教授の『これからの「正義」の話をしよう』（早川書房）などを読んで、「正義とは何か」「なぜ資本主義が大事なのか」といったかなり深いことを、互いの価値観をぶつけ合いながら語り合っているんですね。当時は、「なんでそんなことをするのかな?」と思っていたんですけれど、それって素晴らしいことですよね。

神田　素晴らしいですね。佐々木さんも、『日本3・0』の中で、時代を超えた古典的な名著をリストアップしているじゃないですか。会社の中でも読書会をやられるんですか。

佐々木　……全然やっていないんです。今の話を伺って、まずいなと思いましたね。NewsPicksアカデミアでは同じ本を読もうなどと言っているのに、社内では皆同じ本を読むことを全然していませんでした。問題かもしれないですね。

神田　僕も同じで、これだけリード・フォー・アクション読書会を外でやっているけれど、社内はやっていなかったんです。

うちの会社はリモートワークで、正社員が大阪や福岡など全国各地にいます。なので、チャットでは毎日のようにやり取りするのですが、顔を合わせて、時間と空間を共有して、話すということがなかなかないんですね。

そこで、先日、幹部が集まったときに、幹部だけで一時間ほど読書会をやってみたんですけど、目からウロコが何枚も落ちました。今さらながら、「読書会って、むちゃくちゃいい！」と感じました。

佐々木　改めて実感したわけですね。どういうふうに良かったのですか。

神田　そのときは、『最高のリーダー、マネジャーがいつも考えているたったひとつのこと』（日本経済新聞出版社）という本を読んだのですが、二十分ほど目を通したあと、「リーダーとマネージャーの資質はどう違うのか」について話し合ったんですね。すると、リーダーとマネージャーでは全然違う、と。マネージャーというのは、その場の集まった人たちの才能を集めて、引き出して、チームワークを築くのに対し、リーダーというのは、不安を取り除いて、未来を明確に描くのが役割である、というわけですね。簡単に言ってしまえば、この定義だけなんですけれど、それだけでも、「リーダーの私はマネージャーをやっていたね」ということを痛烈に反省するし、マネージャーはマネージャーで「引き出すことをしないで、上だけを見ていたね」ということに気づくわけです。その結果、それぞれの役割が明確に見出せて、「では、マネージャーはどのようにすれば、本来の役割を果たせるのか」という、ヒーテッド・

ディスカッションに発展したのです。行なったのは、たった一時間ですけど、その一時間で、この会社の文化が変わるきっかけをつかみました。

佐々木　それはすごい効果ですね。

神田　この経験から再認識したのは、企業は社員間のマインドの共有に関して時間を割いたほうがいいということです。私が監訳をした『アクセル』（祥伝社）という本にも、こんなことが書かれていました。ある企業が、経営コンサルタントにどんなコンピテンシーがあったときに契約を取れるか調べたところ、二〇項目もコンピテンシーがありながら、スキル部分の項目はほとんど挙がらず、マインド部分の項目が七項目もトップに挙がっていたそうです。しかし、実際には、契約を増やすために、スキル部分ばかりにスポットを当てて、マインド部分を共有する活動をまったくしていないという企業は少なくないのかなと。

今は、スキルなどの知識はネットですぐに集まる時代です。それを考えたら、企業はもっとマインド面に力を注いだほうがいい。その方法としてお勧めなのが、読書会です。とくに、企業文化が醸成されていないまま急速に伸びてきたベンチャー企業や、リモートワークなどで社員同士が顔を合わせる回数が減ってしまった会社は、ぜひ導入することを勧めたいですね。

佐々木　私も会社で提案してみます！

リード・フォー・アクション読書会で、書店が復権する

神田　私は、読書会は、次なるメディアであり、「コミュニティメディア」だというふうに捉えています。ネットのメディアよりも、圧倒的に人々の行動に対する影響力が大きいんですよね。

佐々木　確かにそうですよね。参加者によって、SNSでシェアされることも少なくありません。

神田　そんな読書会が持つ力を使って、私は、ローカルな書店を支援していこうと考えています。ローカルな書店でリード・フォー・アクション読書会を開

催すれば、その書店を中心としたコミュニティの場ができますよね。すると、本を買わなかったとしても足を運ぶ人が増え、にぎわいが生まれます。すると、さらに人が集まってきて、物販にもつながる好循環が生まれるのではないかと思うのです。

佐々木　私は書店で本を買うのが好きなのですが、馴染みの書店が東京ですらどんどんなくなっていくことを憂慮していました。

神田　どこによく行っていたのですか。

佐々木　銀座のブックファーストが、コンパクトにさまざまな本がまとまっていて好きだったんですよ。それから、外苑前の地下にあった青山ブックセンターとか。どちらも閉店してしまいました。

神田　思い出の書店がなくなってしまうと、悲しいですよね。私も、以前、リストラにあったとき、渡部昇一先生が書かれた『マーフィー100の成功法則』（産業能率大学出版部）を、大前研一先生の著書の下にこっそり入れて買ったことがあります。当時はまだ自己啓発が怪しいものだと言われていた時代で、渡部先生は（大島淳一という）ペンネームでこの本を書いていたのですが、その本に出合ったのが、銀座の東芝ビルにあった旭屋書店でした。今はもうなくなりましたが、当時の記憶はいまだに鮮明に残っています。

佐々木　学生時代の私にとって、書店は、世界とつながるウインドウでした。私は、北九州の出身なんですが、受験生の頃から小倉の「クエスト」という書店に毎日のように通っていまして、受験参考書の新刊を調べる一方で、受験と関係ない本を読んだりしていたのですね。大学に入ってからも、東京に本屋はいくらでもあるのに、帰省するたびにクエストに立ち寄っては、本を物色していました。それが自分の一番の癒やしであり、好奇心を満たす本棚でもあったのです。

今の若い人にとって、世界とつながるウインドウはスマートフォンなのかもしれませんが、書店もまだそういう存在になれるのではないかとは思っています。リード・フォー・アクション読書会で、全国各地の書店が復権すれば、すごく嬉しいですね。

リカレント教育の時代

佐々木　ところで、近年、「リカレント教育」という言葉が注目されていますね。学校教育が終わったあとも、必要に応じて、社会活動をいったん中断して学校に戻り、再教育を受けて、また社会活動に戻るという教育システム。『LIFE SHIFT』（東洋経済新報社）のリンダ・グラットンも言っているように、これから人生百年時代を迎えますから、五十代でも六十代でも七十代でもずっと勉強していくことになるでしょう。アプリはもちろん、OSも、古くなっている部分は、どんどん刷新していくようになるはずです。そういう時代でも、やはり読書は重要な位置を占めるのだと思うのですが、人間、一人で読書するだけでは、知的好奇心を持続させるのはなかなか難しい。勉強し続けるためには、他の人と一緒に学び合える場が必要ですし、そうしたものを誰かが提供していかないといけないと思うのです。

その点で、最近、アメリカで面白い教育ベンチャーが出てきています。ジェネラル・アッセンブリーという会社なのですが、この会社は、デジタルマーケティングやプログラミングの短期講座をオンラインで提供する一方、教室を設けてリアルでも交流するんです。これなら、人とのつながりができて、楽しく先端知識を学べるというわけです。

神田　日本よりも欧米のほうが教育について先を行っているなと思うのは、テクノロジーに精通していながら、テクノロジーに限界があることを理解している人が教育ベンチャーをやっていること。そのあたりはやっぱり一枚上手ですね。

佐々木　先日、神田さんに「ＮｅｗｓＰｉｃｋｓ」上でコメントをいただいたネットフリックスＣＥＯのリード・ヘイスティングス氏もそうですよね。彼もコンピュータ・サイエンスを知り尽くし、テクノロジーの限界がわかったうえで、教育ベンチャーにお金を出して活動している。一つも二つも次のレベルで考えています。

「他の人と一緒に学び合える場」ということで言えば、私は、リード・フォー・アクション読書会がその役割を果たせるのではないかと思うのですが、いかがでしょうか？

神田　そうですね。リード・フォー・アクション読書会は、年齢に関係なく、誰でも参加できますからね。

ちょっと大げさな話になりますが、リード・フォー・アクション読書会が、国の教育制度の一翼を担う時代が来てもいいんじゃないか、と私は考えています。

リード・フォー・アクション読書会のファシリテーターと、中学や高校などの現場の教師のどちらが、これからの時代、子どもにとって必要な学びを提供できるかといったら、私は必ずしも現場の教師に軍配が上がるとは限らないと思うんですよ。なぜなら、教師は、「教育の現場」においてはとても優秀ですが、社会人になったあとの、「仕事の現場」については、ほとんど経験する機会がないからです。一方で、ファシリテーターは、本をきっかけに、自分の経験を伝えているので、実践的な「知」を伝えることに秀でています。

しかも、多くのファシリテーターは、自己研鑽のために、ほとんど手弁当で読書会を開催しています。そういうファシリテーターが全国に多数いるという状況になった場合、私は、高等教育の無償化の流れからいっても、学校教育は国の独占ではなくなり、ファシリテーターのいるような私塾にも単位を提供するケースが出てくるのではないかと思うのです。

もちろん、子どもにとって最も大切なのはOSを育てることですから、そこは、引き続き、義務教育でしっかりやってもらわなければなりません。しかし、そのサポートは、民間講師の力を頼ってもいいでしょう。

高齢化社会とは、長年の仕事を通じて学んだことを、教えたい人が多くなる社会です。「社会人としてのキャリア」が定年とともに終わるのではなく、今度は、専門的経験を継承していく「教師としてのキャリア」へと発展していく道筋を描くのは、さほど難しい取り組みではありません。

佐々木　そうなれば、日本は、大教育国家になりそうですね。先端のリカレント教育の仕組みが築かれ、ＯＳもアプリも常にフレッシュな状態にしていくことができる。あとは、そこで受けた教育を、いかに社会に還元していくか、でしょうか。

神田　そうですね。知識は、実践を伴って、初めて生きてきますよね。そこで、リード・フォー・アクション読書会は、あくまでもアクション、活動につながる読書を目的としているのです。本をきっかけに、同じ未来を感じている人々の出会いが加速します。そうした日常の、知的な喜びの先に、日本は再び元気になっていくのではないか、と思います。

佐々木　今の日本にはチャンスがたくさんあります。とくにメディアみたいな古い産業は意外と競争がなく、ブルーオーシャンだらけ。世界の最先端の事例をちょっと調べて、日本で始めれば、もう自然と日本のトップになってしまいます。私はその典型で、メディアビジネスでいろいろと新しいことをやっているように見えますが、世界の先端事例を調べて、応用しているだけとも言えます。多くの人が読まない海外の情報源に接するようにすれば、日本でまだ誰も手がけていない事例が次々と見つかることでしょう。

あとは、チャレンジあるのみ。『日本3・0』でも書いたのですが、日本にはチャレンジを恐れて踏み出せない「チャレンジ童貞」がたくさんいます。でも、これは、もったいないこと。二十代、三十代なら、チャレンジして失敗しても取り返しがつきます。年齢を重ねれば重ねるほど、リスクが大きくなりますから、若いうちに挑戦しないと、一生のうち、二度とチャレンジできなくなるかもしれないのです。後悔しても過去には戻れません。ですから、読書によって、何かチャレンジをしたいという気持ちが芽生えたら、臆せず第一歩を踏み出してほしいですね。

佐々木紀彦（ささき・のりひこ）

NewsPicks取締役・NewsPicks Studios CEO。1979年福岡県生まれ。慶應義塾大学総合政策学部卒業、スタンフォード大学大学院で修士号取得（国際政治経済専攻）。東洋経済新報社で自動車、IT業界などを担当。2012年11月、「東洋経済オンライン」編集長に就任。リニューアルから4カ月で同サイトをビジネス誌系サイトNo．1に導く。2014年7月にNewsPicksへ移籍。著書に『米国製エリートは本当にすごいのか？』『5年後、メディアは稼げるか』（共に東洋経済新報社）、『日本3・0』（幻冬舎）がある。

12. 『パンツをはいたサル――人間は、どういう生物か』
栗本慎一郎著

13. 『ザ・ワーク――人生を変える4つの質問』
バイロン・ケイティ、スティーヴン・ミッチェル著

14. 『Provocative Coaching: making things better by making them worse』 Jaap Hollander著

15. 『モモ』 ミヒャエル・エンデ著

16. 『かもめのジョナサン』 リチャード・バック著

17. 『善の研究』 西田幾多郎著

18. 『天平の甍』 井上靖著

19. 『ブランド帝国LVMHを創った男 ベルナール・アルノー、語る』 ベルナール・アルノー著

20. 『小倉昌男　経営学』 小倉昌男著

21. 『あるヨギの自叙伝』 パラマハンサ・ヨガナンダ著

22. 『頭脳の果て――学習促進効果の限界への挑戦』
ウィン・ウェンガー、リチャード・ポー著

23. 『コトラー&ケラーのマーケティング・マネジメント』
フィリップ・コトラー、ケビン・レーン・ケラー著

24. 『コーポレート・ファイナンス』〈上・下〉 リチャード・ブリーリー、スチュワート・マイヤーズ、フランクリン・アレン著

神田昌典の本棚に残った24冊

1.『精神と自然――生きた世界の認識論』
グレゴリー・ベイトソン著

2.『流れとかたち――万物のデザインを決める新たな物理法則』エイドリアン・ベジャン、J・ペダー・ゼイン著

3.『「Sカーブ」が不確実性を克服する――物理学で解く2000年の経営』セオドア・モディス著

4.『英雄の旅 ヒーローズ・ジャーニー――12のアーキタイプを知り、人生と世界を変える』
キャロル・S・ピアソン著

5.『神話の法則――ライターズ・ジャーニー』
クリストファー・ボグラー著

6.『Managing Corporate Lifecycles』Ichak Adizes著

7.『文明崩壊――滅亡と存続の命運を分けるもの』〈上・下〉
ジャレド・ダイアモンド著

8.『Generations: The History of America's Future, 1584 to 2069』Neil Howe, William Strauss著

9.『「思考」のすごい力』ブルース・リプトン著

10.『情報と秩序――原子から経済までを動かす根本原理を求めて』セザー・ヒダルゴ著

11.『起業家福沢諭吉の生涯――学で富み富て学び』
玉置紀夫著

著者紹介
神田昌典（かんだ・まさのり）
経営コンサルタント、フューチャーマッピング開発者、アルマ・クリエイション株式会社代表取締役、日本最大級の読書会「リード・フォー・アクション」創設者。
上智大学外国語学部卒。ニューヨーク大学経済学修士、ペンシルバニア大学ウォートンスクール経営学修士。
外務省経済局、イノベーション企業として知られる米国ワールプール社の日本代表を歴任後、コンサルティング会社を設立。総合ビジネス誌では、「日本のトップマーケター」に選出。2012年、アマゾン年間ビジネス書売上ランキング第１位。
2009年に発表した目標達成の思考法「フューチャーマッピング」は、米国、中国で高く評価され、現在、世界155カ国に向けて発信されている。教育界でも精力的な活動を行なっており、特定非営利活動法人KNOWSの理事を務める。
主な著書に『神話のマネジメント』『非常識な成功法則』（以上、フォレスト出版）、『ストーリー思考』『全脳思考』（以上、ダイヤモンド社）、『成功者の告白』『人生の旋律』（以上、講談社）、『成功のための未来予報』（きずな出版）、『2022――これから10年、活躍できる人の条件』『お金と正義（上・下）』（以上、ＰＨＰ研究所）、翻訳書に『ザ・マインドマップ®』（ダイヤモンド社）、『あなたもいままでの10倍速く本が読める』（フォレスト出版）、『アクセル デジタル時代の営業 最強の教科書』（祥伝社）などがある。

この作品は、2017年９月にＰＨＰ研究所から刊行された『都合《つごう》のいい読書術』を改題し、加筆・修正したものである。

ＰＨＰ文庫　バカになるほど、本を読め！

2020年３月26日　第１版第１刷

著　　者　　神　田　昌　典
発 行 者　　後　藤　淳　一
発 行 所　　株式会社ＰＨＰ研究所
東京本部　〒135-8137　江東区豊洲5-6-52
ＰＨＰ文庫出版部　☎03-3520-9617(編集)
普及部　☎03-3520-9630(販売)
京都本部　〒601-8411　京都市南区西九条北ノ内町11

PHP INTERFACE　https://www.php.co.jp/

制作協力
組　　版　　株式会社PHPエディターズ・グループ

印 刷 所
製 本 所　　図書印刷株式会社

 ISBN978-4-569-76994-3